REDES DE COMPUTADORES II

P437r Peres, André.
Redes de computadores II : níveis de transporte e rede / André Peres, César Augusto Hass Loureiro, Marcelo Augusto Rauh Schmitt. – Porto Alegre : Bookman, 2014.
xii, 114 p. : il. color. ; 25 cm.

ISBN 978-85-8260-147-1

1. Ciência da computação. 2. Redes de computadores. I. Loureiro, César Augusto Hass. II. Schmitt, Marcelo Augusto Rauh. III. Título.

CDU 004.7

Catalogação na publicação: Ana Paula M. Magnus – CRB 10/2052

ANDRÉ PERES
CÉSAR AUGUSTO HASS LOUREIRO
MARCELO AUGUSTO RAUH SCHMITT

REDES DE COMPUTADORES II

NÍVEIS DE TRANSPORTE E REDE

bookman

2014

© Bookman Companhia Editora, 2014

Gerente editorial: *Arysinha Jacques Affonso*

Colaboraram nesta edição:

Editora: *Verônica de Abreu Amaral*

Assistente editorial: *Danielle Oliveira da Silva Teixeira*

Capa e projeto gráfico: *Paola Manica*

Processamento pedagógico: *Mônica Stefani*

Leitura final: *Susana Azeredo*

Editoração: *Techbooks*

Reservados todos os direitos de publicação à
BOOKMAN EDITORA LTDA., uma empresa do GRUPO A EDUCAÇÃO S.A.
O selo Tekne engloba publicações voltadas à educação profissional, técnica e tecnológica.
Av. Jerônimo de Ornelas, 670 – Santana
90040-340 – Porto Alegre – RS
Fone: (51) 3027-7000   Fax: (51) 3027-7070

É proibida a duplicação ou reprodução deste volume, no todo ou em parte, sob quaisquer formas ou por quaisquer meios (eletrônico, mecânico, gravação, fotocópia, distribuição na Web e outros), sem permissão expressa da Editora.

Unidade São Paulo
Av. Embaixador Macedo Soares, 10.735 – Pavilhão 5 – Cond. Espace Center
Vila Anastácio – 05095-035 – São Paulo – SP
Fone: (11) 3665-1100   Fax: (11) 3667-1333

SAC 0800 703-3444 – www.grupoa.com.br

IMPRESSO NO BRASIL
PRINTED IN BRAZIL

Autores

André Peres é graduado em Informática pela Pontifícia Universidade Católica do Rio Grande do Sul (PUCRS), Mestre em Ciência da Computação pela Universidade Federal do Rio Grande do Sul (UFRGS) e Doutor em Computação (UFRGS). Atualmente, exerce o cargo de professor no Instituto Federal de Educação, Ciência e Tecnologia do Rio Grande do Sul (IFRS/POA).

César Augusto Hass Loureiro é graduado em Tecnologia da Informação pela Universidade Luterana do Brasil (ULBRA), especialista em Gestão Estratégica pela Universidade de São Paulo (NAIPE-USP) e Mestre em Ciência da Computação pela Universidade Federal do Rio Grande do Sul (UFRGS). Atualmente, exerce o cargo de professor no Instituto Federal de Educação, Ciência e Tecnologia do Rio Grande do Sul (IFRS/POA), na Faculdade de Tecnologia SENAC/RS e na ULBRA.

Marcelo Augusto Rauh Schmitt é graduado em Ciência da Computação pela Universidade Federal do Rio Grande do Sul (UFRGS), Mestre em Ciência da Computação (UFRGS) e Doutor em Informática na Educação (UFRGS). Atualmente, exerce o cargo de professor no Instituto Federal de Educação, Ciência e Tecnologia do Rio Grande do Sul (IFRS/POA).

Para Fabi e Gui
André Peres

Para Taís
César Augusto Hass Loureiro

Para Vanessa, Sofia e Francisco
Marcelo Augusto Rauh Schmitt

Apresentação

O Instituto Federal de Educação, Ciência e Tecnologia do Rio Grande do Sul (IFRS), em parceria com as editoras do Grupo A Educação, apresenta mais um livro especialmente desenvolvido para atender aos **eixos tecnológicos definidos pelo Ministério da Educação**, os quais estruturam a educação profissional técnica e tecnológica no Brasil.

A **Série Tekne**, projeto do Grupo A para esses segmentos de ensino, se inscreve em um cenário privilegiado, no qual as políticas nacionais para a educação profissional técnica e tecnológica estão sendo valorizadas, tendo em vista a ênfase na educação científica e humanística articulada às situações concretas das novas expressões produtivas locais e regionais, as quais demandam a criação de novos espaços e ferramentas culturais, sociais e educacionais.

O Grupo A, assim, alia sua experiência e seu amplo reconhecimento no mercado editorial à qualidade de ensino, pesquisa e extensão de uma instituição pública federal voltada ao desenvolvimento da ciência, inovação, tecnologia e cultura. O conjunto de obras que compõe a coleção produzida em **parceria com o IFRS** é parte de uma proposta de apoio educacional que busca ir além da compreensão da educação profissional e tecnológica como instrumentalizadora de pessoas para ocupações determinadas pelo mercado. O fundamento que permeia a construção de cada livro tem como princípio a noção de uma educação científica, investigativa e analítica, contextualizada em situações reais do mundo do trabalho.

Cada obra desta coleção apresenta capítulos desenvolvidos por professores e pesquisadores do IFRS cujo conhecimento científico e experiência docente vêm contribuir para uma formação profissional mais abrangente e flexível. Os resultados desse trabalho representam, portanto, um valioso apoio didático para os docentes da educação técnica e tecnológica, uma vez que a coleção foi construída com base em **linguagem pedagógica e projeto gráfico inovadores**. Por sua vez, os estudantes terão a oportunidade de interagir de forma dinâmica com textos que possibilitarão a compreensão teórico-científica e sua relação com a prática laboral.

Por fim, destacamos que a Série Tekne representa uma nova possibilidade de sistematização e produção do conhecimento nos espaços educativos, que contribuirá de forma decisiva para a supressão da lacuna do campo editorial na área específica da educação profissional técnica e tecnológica. Trata-se, portanto, do começo de um caminho que pretende levar à criação de infinitas possibilidades de formação profissional crítica com vistas aos avanços necessários às relações educacionais e de trabalho.

Clarice Monteiro Escott
Maria Cristina Caminha de Castilhos França
Coordenadoras da coleção Tekne/IFRS

Sumário

capítulo 1
Introdução às camadas de transporte e de rede.. 1
A camada de transporte 2
Multiplexação/demultiplexação de portas........3
A camada de rede 4
    Protocolos da camada de rede 5

capítulo 2
Protocolo UDP.. 7
Introdução..8

capítulo 3
Protocolo TCP 13
Introdução... 14
Cabeçalho TCP 14
Controle de conexão TCP 17
    Iniciando uma conexão TCP 17
    Finalizando uma conexão TCP 21
    Controlando múltiplos clientes 22
    Round Trip Time 25
Controle de fluxo 26
Window scale.. 28
Controle de erros 31
SACK – *Selective Acknowledgements* 34
MSS – *Maximum Segment Size*........................ 36
Controle de congestionamento 38
    Slow start 38
    Detectando e tratando um congestionamento 39
Considerações finais sobre o TCP 40

capítulo 4
Controle de tráfego com TCNG 43
Introdução... 44

capítulo 5
Protocolo IPv4.. 51
Introdução... 52
O protocolo IP... 53
    Formato do datagrama IP 53
    Tipo de serviço (TOS) 55
    Fragmentação 57
    Opções 58
    Os endereços IP 58
    As classes de endereços 60
    Máscaras... 61
    Tipos de endereços.. 62
    Endereços especiais....................................... 63
    Administração dos endereços e CIDR (*Classless Inter-Domain Routing*) 64
NAT – *Network Address Translation* 65
ICMP – *Internet Control Message Protocol* 66
ARP – *Address Resolution Protocol*..................... 69

capítulo 6
Protocolo IPv6.. 73
Por que utilizar o IPv6? 74
Diferenças entre o cabeçalho do IPv6 e do IPv4 75
Cabeçalhos de extensão 77
Endereçamento IPv6 79
    Máscaras de rede.. 80
    Tipos de endereçamento 80

Unicast	81
Unicast local	81
Unicast global	82
Multicast	85
Anycast	86
Funcionalidades do IPv6	86
Path MTU Discovery	86
Jumbograms	87
ICMPv6	87
Descoberta de vizinhança	88
Como alocar os endereços IPv6	89
Configuração de serviços com IPv6	91

capítulo 7
Roteamento 93

Funcionamento	95
Tabelas de roteamento	96
Subdivisão de redes	100
Roteamento estático	105
Roteamento dinâmico	107
Protocolo de roteamento do tipo vetor de distância	107
Protocolo de roteamento do tipo estado de enlace	109
Protocolos de roteamento	110
RIP	111
RIP2	111
IGRP	112
EIGRP	112
OSPF	112
BGP4	113

capítulo 1

Introdução às camadas de transporte e de rede

É por meio da camada de rede que os computadores identificam qual caminho será utilizado para transmissão de dados entre a origem e o destino de uma comunicação. Além disso, é a partir da camada de transporte que se definem os serviços que serão utilizados entre a origem e o destino. Neste capítulo, será explicado qual o objetivo dessas camadas e quais os protocolos que as compõem.

Objetivos deste capítulo

» Conhecer o relacionamento da camada de transporte com as camadas inferiores e superiores.

» Aprender os objetivos das camadas de transporte e de rede.

» Observar como funciona a multiplexação/demultiplexação na camada de transporte.

» Identificar os protocolos que compõem as camadas de rede e de transporte.

A camada de transporte

Conforme apresentado no primeiro livro (SCHMITT; PERES; LOUREIRO, 2013), para que exista o estabelecimento de uma conexão entre uma aplicação cliente e uma aplicação servidora, é necessário que as informações sejam encaminhadas da camada de aplicação para a camada de transporte, que posteriormente encaminhará para a camada de rede, como ilustrado na Figura 1.1.

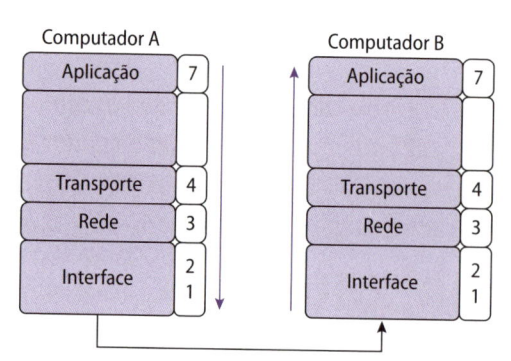

Figura 1.1 Comunicação entre computadores.
Fonte: Dos autores.

Na camada de transporte, objeto atual de nosso estudo, são oferecidos dois tipos de serviços:

- Serviço orientado à conexão
- Serviço não orientado à conexão

No serviço orientado à conexão, chamado de TCP (*Transmission Control Protocol*), existe uma troca inicial de pacotes entre cliente e servidor para o estabelecimento de uma conexão. Essa troca é chamada de *handshaking* e será explicada no Capítulo 2. Esse tipo de serviço também é conhecido como um serviço de entrega garantida, pois, após o envio de informações entre as partes, é necessária uma confirmação do receptor. Ocorrendo algum problema, os dados são reenviados.

O serviço orientado à conexão da camada de transporte é utilizado em todos os serviços da camada de aplicação que necessitam de confiabilidade como, por exemplo, na hora de realizar o download de um arquivo.

No serviço não orientado à conexão, os dados apenas são enviados do cliente para o servidor, sem o estabelecimento prévio de conexão. Esse protocolo é conhecido como UDP (*User Datagram Protocol*). Podemos pensar que um serviço TCP é bem melhor que o UDP, mas, na verdade, existem aplicações em que o UDP realiza o serviço com mais eficiência.

Por exemplo, para garantir que o download de um arquivo ocorra de forma correta, o TCP, conforme explicado, envia mensagens de confirmação de entrega, o que acaba gerando tráfego na rede apenas para controle. No UDP, não há mensagens de controle, sobrando mais banda para o tráfego de dados. Além disso, existem aplicações em que a retransmissão oferecida pelo protocolo TCP não é necessária como, por exemplo, em uma videoconferência utilizando a Internet. Se, por algum motivo, a pessoa que está falando não está sendo compreendida pela pessoa que está assistindo, não adianta o protocolo repetir automaticamente uma imagem do passado e o pedaço da frase não compreendida. É necessário realizar o procedimento de retransmissão, em que a pessoa que está assistindo vai pedir para a pessoa que está falando repetir a conversa.

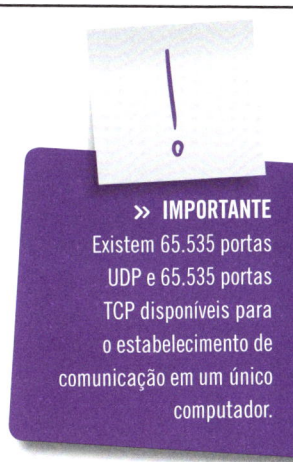

> **» IMPORTANTE**
> Existem 65.535 portas UDP e 65.535 portas TCP disponíveis para o estabelecimento de comunicação em um único computador.

» Multiplexação/demultiplexação de portas

Para entender a multiplexação/demultiplexação, vamos utilizar um exemplo. Supondo que um computador está realizando três downloads de arquivos ao mesmo tempo de um mesmo servidor, como esse servidor saberá quais dados ele deve mandar para cada um dos downloads se o endereço (IP) do computador de origem é o mesmo?

Para resolver isso, um endereço da porta de origem e destino é utilizado na identificação dos segmentos (Figura 1.2), pois, conforme explicado anteriormente, cada comunicação existente ocupa uma porta diferente.

Porta de destino	Porta de origem
....	
PDU	

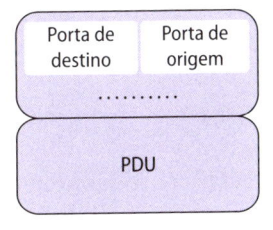

Figura 1.2 Representação do cabeçalho da camada de transporte.
Fonte: Dos autores.

Assim, o computador servidor do nosso exemplo consegue identificar os diferentes downloads pelas diferentes portas de origem utilizadas no estabelecimento da conexão, como podemos observar pela saída do comando "netstat –na" do Prompt de Comando do MS Windows apresentado na Figura 1.3.

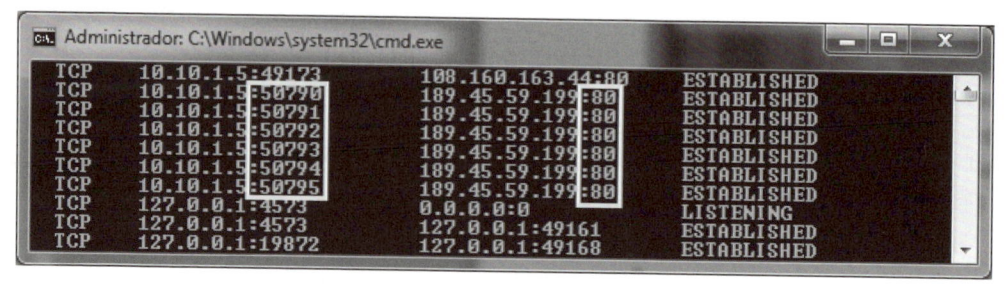

Figura 1.3 Resultado do comando netstat.
Fonte: Dos autores.

Com isso, podemos conceituar a multiplexação como o processo da camada de transporte que possibilita que várias aplicações transmitam informações em diferentes portas para serem encaminhadas para a camada de rede. Essas portas, ao chegarem ao destino, serão demultiplexadas da camada de rede para a camada de aplicação por meio da camada de transporte, sem que ocorra embaralhamento das informações.

❯❯ A camada de rede

Na camada de transporte, utilizamos as portas para identificar os processos que estão se comunicando entre diferentes computadores. Agora, na camada de rede, utilizamos o endereço IP (*Internet Protocol*) para identificar os computadores que fazem parte de uma conexão.

Analisando as camadas da pilha TCP/IP, os segmentos de dados encaminhados pela camada de transporte para a camada de rede são encapsulados em datagramas IP que, por meio de algum protocolo de roteamento, serão encaminhados do computador de origem para o computador de destino utilizando um endereço IP.

Atualmente possuímos duas versões do protocolo IP. A versão 4, ou IPv4, está em utilização desde o surgimento da Internet e é utilizada por todos os computadores que acessam a Internet. Essa versão, apesar de popular, possibilita apenas 4 bilhões de endereços e não possui mais capacidade de expansão. No entanto, em 1998 foi criado o IP versão 6, ou IPv6, que possui algumas diferenças no formato de seu datagrama, algumas novas funcionalidades e, o mais importante, uma capacidade de endereçamento milhares de vezes maior que o IPv4. Nos Capítulos 5 e 6, serão abordadas essas duas versões de protocolos.

Protocolos da camada de rede

Como já apresentado, na camada de transporte temos os protocolos UDP e TCP, que serão estudados profundamente nos Capítulos 2 e 3. Na camada de rede, além do protocolo IP já apresentado, temos os protocolos que auxiliam na descoberta de computadores vizinhos da mesma rede local e protocolos de roteamento para a descoberta de computadores em outras redes. Os protocolos de rastreamento serão apresentados no Capítulo 7.

A seguir, há uma lista dos principais protocolos de camada de rede utilizados em conjunto com os protocolos IPv4 e/ou IPv6.

- ICMP/ICMPv6 – *Internet Control Message Protocol*: protocolos que fornecem um relato do estado de alcançabilidade de um computador na rede. O ICMPv6 pode ser utilizado para a implementação de algumas funcionalidades do IPv6 como, por exemplo, mobilidade.
- ARP – *Address Resolution Protocol*: protocolo utilizado para encontrar o endereço da camada de enlace (MAC) a partir de um endereço IPv4.
- NDP – *Neighbor Discovery Protocol*: protocolo utilizado para descobrir quem são os computadores vizinhos em uma rede local. Esse protocolo substitui o ARP em IPv6.
- IGMP – *Internet Group Management Protocol*: protocolo utilizado por computadores e roteadores para o estabelecimento de grupos *multicast*. Ao contrário da conexão IP *unicast*, em que existe uma conexão ponto a ponto entre dois *hosts*, na conexão *multicast* existe uma conexão de um-para-muitos.
- IPSec – *Internet Protocol Security:* conjunto de protocolos utilizados para proteger as conexões IP por meio de autenticação e criptografia.
- RIP, RIPng, OSPF e BGP: alguns protocolos de roteamento que utilizam algoritmos distintos de encaminhamento de pacotes em redes locais, metropolitanas ou até mesmo na Internet.

Essa lista de protocolos não é exaustiva, apenas apresenta os principais protocolos utilizados e pode sofrer alterações de acordo com a evolução das redes de computadores.

> **WWW.**
>
> » **NO SITE**
> Acesse o ambiente virtual de aprendizagem para fazer as atividades relacionadas ao que foi discutido neste capítulo.

>> Agora é a sua vez!

1. Se o ICMPv6 é utilizado em conjunto com o protocolo IPv6, com que versão do protocolo IP é utilizado o protocolo ICMP?
2. Teoricamente, quantas conexões TCP ativas com o mesmo *host* de destino uma estação de trabalho pode estabelecer?
3. Caso não existisse a multiplexão/demultiplexação de portas, quantas conexões ativas seriam possíveis entre dois *hosts*?

REFERÊNCIA

SCHMITT, M. A. R.; PERES, A.; LOUREIRO, C. A. *Redes de computadores:* nível de aplicação e instalação de serviços. Porto Alegre: Bookman, 2013.

capítulo 2

Protocolo UDP

O protocolo UDP (User Datagram Protocol) é um protocolo de nível de transporte (camada 4 do modelo OSI) que possui como objetivo o recebimento de dados de um software de aplicação remetente e a entrega desses dados no software de aplicação destino correto da maneira mais simples possível. Neste capítulo, você estudará conceitos relacionados ao UDP e realizará testes práticos envolvendo esse protocolo.

Objetivos deste capítulo

- Entender os objetivos do protocolo UDP.
- Estudar a estrutura e os conceitos do UDP.
- Visualizar exemplos de uso do UDP.

Introdução

> **» NO SITE**
> O protocolo UDP é definido no documento RFC 768. Visite o ambiente virtual de aprendizagem para ter acesso: **www.bookman.com.br/tekne**.

O protocolo UDP (*User Datagram Protocol*) é um protocolo de transporte que possui as seguintes funcionalidades:

- Multiplexação do uso da rede entre processos de aplicação.
- Melhor esforço na tentativa de entrega de dados entre aplicações.
- Verificação de integridade dos dados no recebimento de um pacote.

Para realizar suas funções, o UDP possui um cabeçalho, definido na Figura 2.1.

1	2	3	4	5	6	7	8	1	2	3	4	5	6	7	8	1	2	3	4	5	6	7	8	1	2	3	4	5	6	7	8	bits

Source Port	Destination Port
UDP Length	UDP Checksum

UDP Header

Figura 2.1 Cabeçalho UDP.
Fonte: Dos autores.

> **» IMPORTANTE**
> A única garantia que o UDP fornece é a de que um pacote no qual os dados sofreram alguma alteração no trânsito entre origem/destino será descartado (não será entregue à aplicação destino). Nenhuma mensagem registrando esse problema é gerada. Isso significa que nem o remetente nem o destinatário ficam sabendo desse evento.

Agora, vamos detalhar como cada uma dessas funcionalidades é realizada.

Como vimos no capítulo anterior, o nível de transporte é responsável pela multiplexação entre processos de aplicação. Isso é realizado por meio da atribuição de uma porta única para cada requisição de uso da rede realizada pelo processo de aplicação ao sistema operacional. Existem 65.535 portas UDP (representadas em 16 bits).

O campo *source port* (porta de origem) define a porta vinculada ao processo de aplicação remetente dos dados. Essa porta é utilizada como um endereço de transporte para esse processo, ou seja, respostas a esse pacote devem ser endereçadas a essa porta. Ao receber dados provenientes de uma aplicação local em direção à rede, o UDP deve colocar, no campo *source port*, a porta com a qual esse processo está vinculado.

O campo *destination port* (porta de destino) define a porta vinculada ao processo de aplicação destino dos dados. Ao receber um pacote vindo da rede, o protocolo UDP deve entregar os dados de aplicação ao processo que está utilizando essa porta.

O campo *UDP length* (tamanho) possui o tamanho total do pacote em octetos (conjuntos de 8 bits), incluindo cabeçalho e dados da aplicação. O campo *Length*, tendo 16 bits, define que o tamanho máximo de um segmento UDP é de 2^{16} = 65.536 octetos.

Finalmente, o campo *UDP Checksum* possui um cálculo de verificação de integridade. A verificação de integridade funciona da seguinte maneira: o remetente da mensagem realiza um cálculo com os bits do segmento (incluindo o cabeçalho e os dados) e coloca o resultado no próprio segmento a ser transmitido. Ao receber esse segmento, o destinatário realiza o mesmo cálculo, comparando o resultado obtido com o resultado recebido. Caso algum bit tenha sofrido uma alteração no trânsito entre remetente/destinatário, os resultados serão diferentes, indicando um problema de integridade do segmento, que será descartado pelo UDP.

> **» NO SITE**
> A forma de implementação dos algoritmos de cálculo de verificação de integridade dos protocolos UDP, TCP e IP é descrita no RFC 1071. Visite o ambiente virtual de aprendizagem para ter acesso.

» PARA SABER MAIS

No primeiro livro desta coleção (SCHMITT; PERES; LOUREIRO, 2013) no Capítulo 4, Nível de aplicação, temos um exemplo de código fonte em PHP de um servidor e um cliente UDP. A forma como uma aplicação realiza as chamadas ao sistema operacional relacionadas com o UDP é descrita em detalhes ali. Também constam os detalhes de implementação e instalação de aplicações.

Diversas aplicações utilizam como meio de transporte o protocolo UDP, tais como DNS (*Domain Name System*) para a resolução de nomes, DHCP (*Dynamic Host Configuration Protocol*) para a configuração dinâmica de estações e SNMP (*Simple Network Management Protocol*) para a gerência de redes.

A Figura 2.2 apresenta um exemplo de comunicação entre um cliente e um servidor de DNS.

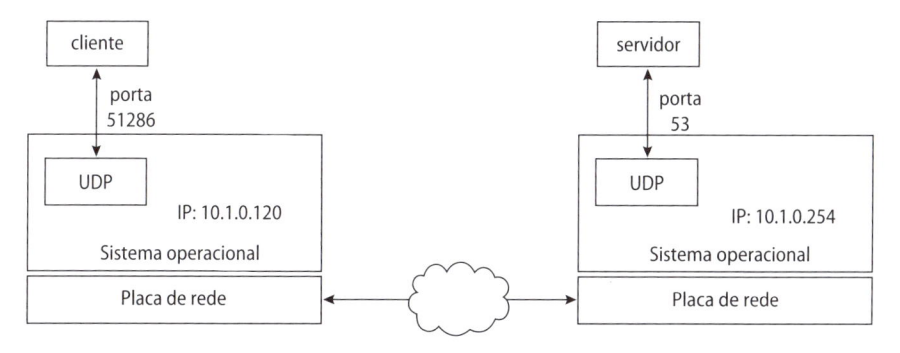

Figura 2.2 Comunicação entre cliente e servidor DNS.
Fonte: Dos autores.

Nesse exemplo, temos o processo que está realizando uma consulta para a resolução de nome utilizando a porta UDP 51286 na estação com endereço IP 10.1.0.120. A consulta é realizada tendo como destino o servidor de DNS (que utiliza a porta UDP 53 por padrão) na estação IP 10.1.0.254.

Os pacotes trocados entre o cliente 10.1.0.120 e o servidor 10.1.0.254 são apresentados nas Figuras 2.3 e 2.4.

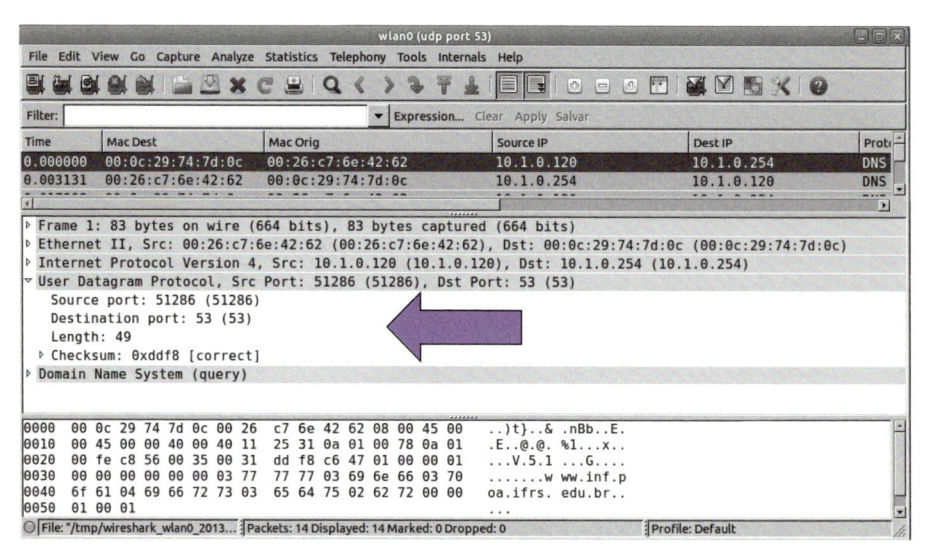

Figura 2.3   Segmento UDP de consulta de DNS.
Fonte: Dos autores.

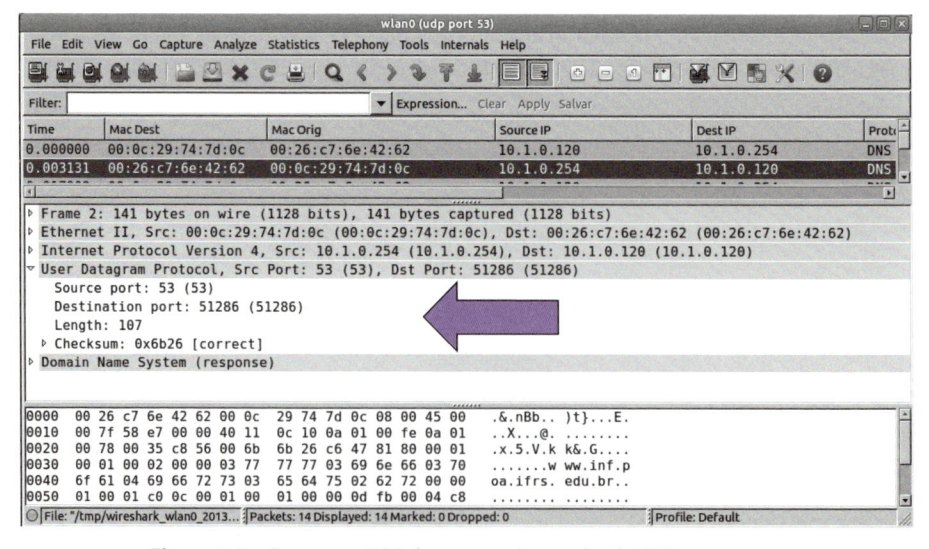

Figura 2.4   Segmento UDP de resposta à consulta de DNS.
Fonte: Dos autores.

Na Figura 2.3, a seta aponta para os campos do cabeçalho UDP da requisição. Notamos:

- que a porta de origem do segmento é a de número 51286 (porta do cliente);
- que a porta de destino é a de número 53 (porta padrão do servidor DNS);
- que o tamanho do segmento é de 49 octetos;
- que o cálculo de verificação possui valor 0xddf8 (hexadecimal);
- que esse segmento possui como dados uma consulta de DNS (*Domain Name System – Query*).

Na Figura 2.4, temos:

- que a porta de origem do segmento é a de número 53;
- que a porta de destino é a de número 51286;
- que o tamanho do segmento é de 107 octetos;
- que o cálculo de verificação possui valor 0x6b26;
- que esse segmento possui como dados uma resposta de DNS (*Domain Name System – Response*).

Nota-se com clareza, nesse exemplo, que o UDP realiza suas tarefas de multiplexação e controle de erros no destino de maneira um tanto simples. O protocolo UDP é orientado à transação, ou seja, uma troca simples de requisição/resposta, sem o estabelecimento de uma conexão entre cliente e servidor.

O fato de não existir uma conexão permite a difusão de segmentos de uma estação para todas as estações da rede, ou seja, permite mensagens de *broadcast*.

Um exemplo de mensagem de difusão que utilizamos muitas vezes é o de configuração dinâmica de estação DHCP, como vemos na Figura 2.5.

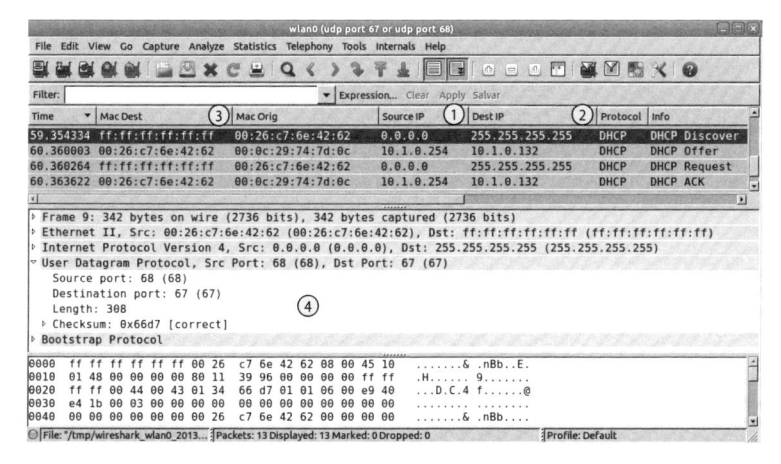

Figura 2.5 Requisição DHCP de difusão em um segmento UDP.
Fonte: Dos autores.

Na Figura 2.5, constatamos que:

- Item 1: a estação remetente não possui IP (está setado como 0.0.0.0).
- Item 2: o endereço de destino 255.255.255.255 é um endereço IP especial que representa a difusão. Todas as estações que recebem um datagrama IP com esse endereço de destino o aceitam.
- Item 3: o endereço MAC de destino é ff:ff:ff:ff:ff:ff, que representa o endereço de difusão no nível de enlace. Isso significa que todas as estações da rede local receberão esse quadro.
- Item 4: este segmento UDP possui, porta de origem (cliente) 68, porta de destino 67 (servidor), tamanho de 308 octetos e cálculo de verificação com resultado 0x66d7. O protocolo DHCP possui as portas UDP 68 e 67 como portas padrão para clientes e servidor, respectivamente.

Uma requisição DHCP é um pedido realizado por uma estação que ainda não possui os dados da rede (como o seu próprio endereço IP, a máscara de rede, o endereço do gateway e do servidor de DNS) e que busca por um servidor DHCP na rede capaz de fornecer essas informações. Essa busca é realizada com uma difusão para todas as estações a fim de "descobrir" quem é o servidor DHCP. As estações que não possuem o serviço de DHCP instalado recebem e ignoram essa mensagem. Apenas o servidor de DHCP responde a essa mensagem oferecendo seus serviços. Uma descrição completa do protocolo DHCP é feita no primeiro livro desta série.

Percebemos que a forma de funcionamento do protocolo UDP é bem simples. Um resumo de suas funções seria: identificar os processos de origem e destino por meio de portas únicas e averiguar se houve algum problema durante o transporte de bits verificando apenas no destinatário o cálculo de *checksum*.

> **» NO SITE**
> Acesse o ambiente virtual de aprendizagem para fazer as atividades relacionadas ao que foi discutido neste capítulo.

LEITURA RECOMENDADA

SCHMITT, M. A. R.; PERES, A.; LOUREIRO, C. A. *Redes de computadores*: nível de aplicação e instalação de serviços. Porto Alegre: Bookman, 2013.

STEVENS, W. R.; FENNER, B.; RUDOFF, A. M. *Programação de rede UNIX*: API para soquetes de rede. 3. ed. Porto Alegre: Bookman, 2004. v. 1.

capítulo 3

Protocolo TCP

O protocolo TCP (Transmission Control Protocol), da mesma forma que o UDP, é um protocolo de nível de transporte (camada 4 do modelo OSI). Ele possui como objetivo o recebimento de dados de um processo de aplicação e a entrega desses dados de forma confiável no software de aplicação de destino correto. A grande diferença entre o UDP e o TCP é que o TCP é um protocolo de transporte confiável, ou seja, garante que os dados serão entregues corretamente no destino.

Objetivos deste capítulo

» Entender os objetivos do protocolo TCP.

» Estudar a estrutura e os conceitos do TCP.

» Visualizar exemplos de uso do TCP.

>> Introdução

O protocolo TCP (*Transmission Control Protocol*) é um protocolo de transporte que possui as seguintes funcionalidades:

- Multiplexação do uso da rede entre processos de aplicação.
- Estabelecimento e controle de conexão entre cliente e servidor.
- Possibilidade de múltiplos clientes conectados em uma mesma porta de servidor.
- Verificação de integridade dos dados no recebimento de um pacote.
- Em caso de erros, identificação pela origem e retransmissão do pacote.
- Garantia de ordem de chegada de um conjunto de pacotes.
- Controle de fluxo de dados.
- Controle de situações de congestionamento da rede.

> **>> PARA SABER MAIS**
>
> O protocolo TCP é definido no documento RFC 793.

>> Cabeçalho TCP

Para realizar suas funções, o TCP possui um cabeçalho, que está definido na Figura 3.1. Os campos *source port* e *destination port* possuem a mesma funcionalidade no TCP e no UDP, ou seja, realizar a multiplexação de processos por meio de portas. Já sabemos que existem 65.535 portas UDP e mais 65.535 portas TCP.

O campo *sequence number* (número de sequência) possui o número de sequência (na prática, é o número de bytes de aplicação trocados na conexão) de um pacote TCP dentro de uma conexão. É por meio desse campo que o destinatário consegue, por exemplo, identificar se um determinado pacote de uma conexão está fora de ordem.

O campo *acknowledgement number* (número de reconhecimento) é utilizado como mecanismo de controle de erros. A partir desse campo o destinatário de um pacote "reconhece" o recebimento de um ou mais pacotes por meio de seu número de sequência. Veremos esse mecanismo em detalhes adiante.

> **>> IMPORTANTE**
>
> As portas UDP e TCP são independentes. Assim, podemos ter um processo na porta 80 UDP e um processo diferente na porta 80 TCP sem que exista conflito!

| 1 | 2 | 3 | 4 | 5 | 6 | 7 | 8 | 1 | 2 | 3 | 4 | 5 | 6 | 7 | 8 | 1 | 2 | 3 | 4 | 5 | 6 | 7 | 8 | 1 | 2 | 3 | 4 | 5 | 6 | 7 | 8 | bits |

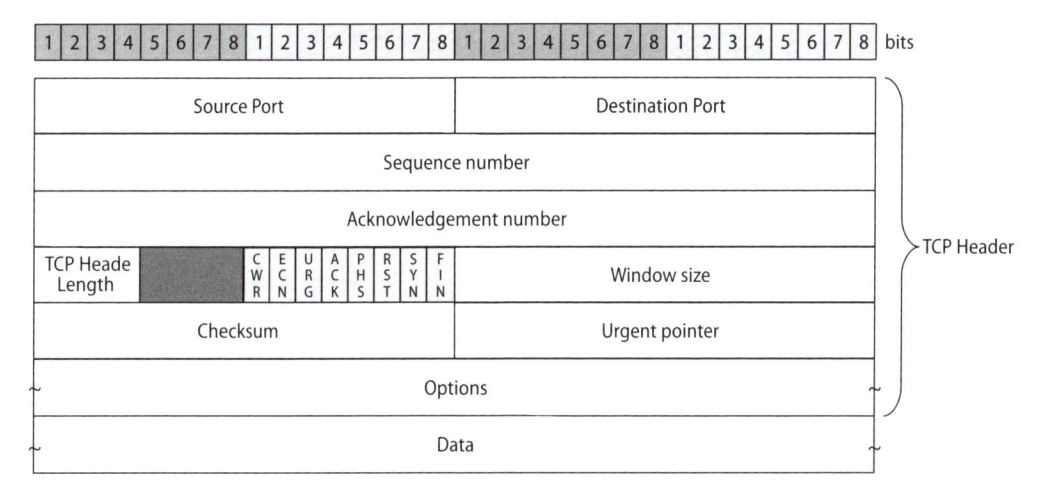

Source Port	Destination Port
Sequence number	
Acknowledgement number	
TCP Header Length / [reserved] / CWR ECN URG ACK PSH RST SYN FIN	Window size
Checksum	Urgent pointer
Options	
Data	

Figura 3.1 Cabeçalho TCP.
Fonte: Dos autores.

O campo *TCP header length* (tamanho do cabeçalho TCP) possui o número de bytes do cabeçalho dividido por múltiplos de 32 bits (4 bytes). Assim, no cabeçalho padrão, sem campo opcional, temos 20 bytes e, nesse caso, o campo possuirá o valor decimal 5 (32 bits = 4 bytes × 5 = 20 bytes).

As flags são bits utilizados para o controle do fluxo de pacotes entre origem e destino. Nem todo o espaço reservado para as flags de controle é utilizado atualmente. A área cinza da Figura 3.1 possui 3 bits reservados para uso futuro e 1 bit sem função definida. As flags que utilizamos atualmente são:

- CWR (*Congestion Window Reduced*) e ECN (*Explicit Congestion Notification*) – adicionadas pelo RFC 3168. Existe um grande esforço para que os roteadores da Internet sejam capazes de identificar possíveis situações de congestionamento antes que elas ocorram. Ao detectar essa situação, o roteador utiliza a flag ECN (o roteador atribui no pacote a flag ECN = 1) para informar a existência desse congestionamento. Sempre que uma das pontas for informada por meio do recebimento de ECN = 1, diminuirá a vazão do tráfego de dados, reduzindo o valor do indicador de tamanho de *buffer* denominado *congestion window* (veremos esse *buffer* com mais detalhes ao analisarmos o controle de congestionamento do TCP). Ao realizar esta diminuição, o TCP da estação informa a outra ponta (destino) que realizou a alteração atribuindo CWR = 1 (notifica que diminuiu sua janela pela ocorrência de um congestionamento).
- URG (*Urgent*) – indica que um determinado conjunto de bytes do pacote é "urgente". Quando URG = 1, o TCP destino entrará no "modo urgente", indicando que deve avisar para a aplicação destino que se trata de dados urgentes. Quando URG = 0, o TCP voltará ao "modo normal". Essa flag é utilizada em conjunto com o campo *urgent pointer,* o qual define quantos bytes (desde o início do pacote) são urgentes. Essa funcionalidade foi desenvolvida com

o objetivo de auxiliar aplicações que utilizariam esse tipo de notificação de urgência. Assim como o campo *urgent pointer*, essa flag não é utilizada por aplicações modernas.

- ACK (*Acknowledgement*) – indica que o campo *acknowledgement number* contém o número de sequência aguardado, e que todos os pacotes anteriores a esse número de sequência foram recebidos com sucesso. É utilizado também no processo de estabelecimento e finalização das conexões.

- PSH (*Push*) – assim que o pacote TCP atingir sua capacidade máxima de dados (o número máximo de bytes que pode transmitir em um pacote único), enviará o pacote. Quando a aplicação deseja enviar um pacote sem esperar que este limite seja atingido, ela indica isso por meio de um comando de envio. Esse comando de envio aciona a flag *push* (PSH = 1). Ao receber um pacote com a flag PSH = 1 (e ele estiver na ordem correta), o TCP destino entrega-o imediatamente para a aplicação destino. Por exemplo, imagine uma aplicação de mensagem instantânea (skype, google talk, etc.). Cada vez que o usuário pressiona [enter], ele deseja que a mensagem seja enviada imediatamente à aplicação destino. Outro exemplo seria o pacote contendo a mensagem de requisição HTTP "GET" que possui um tamanho menor que o valor máximo do pacote TCP. Assim que for recebida pelo TCP destino, deverá ser entregue imediatamente ao servidor web. Essa mensagem deve possui a flag PSH = 1.

- RST (*Reset*) – ao receber um pacote com RST = 1, o TCP deverá finalizar a conexão imediatamente, sem mais troca de pacotes. Essa flag é normalmente utilizada quando ocorre algum problema na comunicação (recebimento de um pacote fora de contexto) ou quando ocorre uma filtragem com ação de "rejeição" por um serviço de filtragem de pacotes (*firewall*). Caso um cliente tente iniciar uma conexão com uma estação que não possui um servidor ativo na porta especificada (a porta de destino não possui um processo associado a ela), o TCP da estação destino enviará como resposta um pacote com RST = 1.

- SYN (*Synchronize*) – um pacote com SYN = 1 é enviado pelo cliente sempre que deseja iniciar uma conexão com um servidor. Essa flag indica o desejo de sincronização do número de sequência dos pacotes TCP. Somente os pacotes de inicialização de conexão possuem essa flag setada, sendo que todos os demais possuem SYN = 0.

- FIN (*Finished*) – quando um dos processos (cliente ou servidor) deseja encerrar uma conexão, esse processo avisa o outro por meio de um pacote com FIN = 1. Ambos os lados devem enviar esse pacote e receber um reconhecimento ACK = 1 pelo envio, como veremos adiante.

O campo *window size* indica a quantidade de bytes que o remetente do pacote tem a capacidade de receber, ou seja, o tamanho de seu *buffer* de memória. Esta informação é utilizada para que uma estação não envie uma quantidade de dados maior que a capacidade de processamento da outra (o que acarretaria o descarte de pacotes). Considerando que esse campo possui 16 bits, isso significa que temos o limite de 65.535 bytes para um *buffer* (64 KB). Esse limite pode ser considerado baixo para muitas aplicações e, de acordo com a latência da rede, pode até comprometer o desempenho da comunicação. Em razão disso, criou-se um campo opcional no TCP denominado *window scaling*, que veremos adiante.

O campo *checksum* do cabeçalho TCP tem a mesma função que o campo *checksum* do UDP, ou seja, verificar a integridade dos bits recebidos no destinatário por meio de um cálculo sobre os bits do cabeçalho e dados.

O campo *urgent pointer* é utilizado em conjunto com a flag URG (já descrita).

Restam então os campos opcionais, que serão descritos conforme vão sendo utilizados nas operações do TCP, apresentadas a seguir.

Percebemos que o TCP é bem mais complexo que o UDP, e não poderia ser diferente, tendo em vista a quantidade de controles necessários para garantir a confiabilidade da comunicação. Vamos analisar cada um destes controles, começando pelo estabelecimento de uma conexão.

Controle de conexão TCP

Uma conexão TCP é inicializada pelo cliente, o qual requisita ao servidor a criação dessa conexão. O servidor pode, ou não, aceitar a conexão e iniciar a troca de mensagens. Nenhum pacote contendo dados da aplicação é trocado entre cliente e servidor antes do estabelecimento da conexão. O estabelecimento de uma conexão garante que o servidor está ativo e apto a atender o cliente.

Iniciando uma conexão TCP

O estabelecimento de uma conexão TCP é realizado por um procedimento denominado *three-way handshake*. A Figura 3.2 descreve esse processo.

Figura 3.2 *Three-way handshake.*
Fonte: Dos autores.

> **IMPORTANTE**
> Um servidor pode se recusar a aceitar uma conexão por vários motivos. Um deles seria o fato de os servidores TCP possuírem um limite de número de clientes que podem atender simultaneamente. Ao atingir este limite, o servidor não aceita mais conexões com clientes até que uma das conexões ativas seja finalizada.

Inicialmente, o cliente envia um pacote de sincronização com todos os dados de controle da conexão (campos TCP) e com a flag SYN = 1. Ao receber esse pacote, o servidor decide se aceitará ou não a conexão.

Caso o servidor aceite a conexão, responderá ao cliente com um pacote com as flags SYN = 1 e ACK = 1. O cliente, por sua vez, deverá responder com outro pacote contendo a flag ACK = 1.

Durante o estabelecimento da conexão, diversas informações são trocadas e as "regras" da comunicação são definidas. Como vimos na definição da flag SYN, o primeiro pacote expressa o desejo de sincronização do número de sequência dos pacotes. Parece simples, mas não é. Vamos ver como é feito na prática o controle de sequência do TCP.

O número de sequência (campo *sequence number*) possui 32 bits, podendo variar (em decimal) de 0 a 4.294.967.295. O objetivo desse campo não é simplesmente dar um número sequencial a cada pacote, mas, sim, controlar a quantidade de bytes de informação da aplicação que foram trocados na conexão. Cada byte trocado entre um cliente e servidor TCP possui um número de sequência e uma confirmação de entrega correta.

O número de reconhecimento (campo *acknowledgement number*) realiza o reconhecimento do recebimento correto dos bytes. Ele é incrementado em três situações: quando a estação recebe um pacote com a flag SYN = 1, ele é incrementado em 1; quando recebe um pacote com a flag FIN = 1, é incrementado em 1 também; e quando a estação recebe dados de aplicação, ele é incrementado com o número de bytes de dados da aplicação recebidos.

O número de sequência do primeiro pacote (o pacote com a requisição de conexão SYN) é escolhido aleatoriamente. A fim de entendermos o processo com mais facilidade, considere que este número aleatório é igual a zero (a base da conexão, ou seja, o pacote contendo o byte zero).

>> PARA SABER MAIS

Cada byte de uma conexão TCP possui um número de sequência entre 0 e 2^{32}. Como iniciamos a sequência por um número aleatório, temos um limite inferior a 4.294.967.295 (4.3 GB) de dados em uma única conexão. Devido a esse limite, o número de sequência é calculado em módulo. Isso significa que, quando o número de sequência chegar ao valor máximo, volta para zero.

Na Figura 3.3, temos uma conexão TCP do início ao fim. Vamos analisar os dados desta figura.

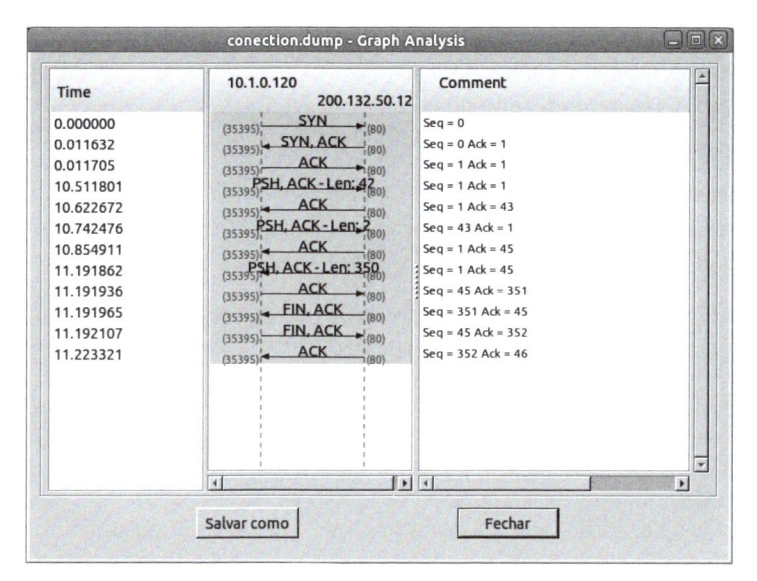

Figura 3.3 Conexão TCP.
Fonte: Dos autores.

Na figura, o cliente 10.1.0.120 envia um pacote com SYN = 1 ao servidor 200.132.50.12. Esse pacote é o primeiro pacote do cliente, portanto, recebe o número de sequência 0 (relativo à conexão). Apesar de não estar na figura, o número de reconhecimento (*acknowledgement number*) desse pacote possui o valor 0.

O servidor 200.132.50.12 responde com um pacote contendo as flags SYN = 1 e ACK = 1, o qual possui um número de sequência (na realidade, também aleatório, mas vamos simplificar) com número 0. No entanto, observe que, nesse pacote, o *acknowledgement number* possui o valor incrementado em 1 (reconhecendo que recebeu um pacote com SYN = 1).

O *acknowledgement number* representa o número de bytes de dados da aplicação que o remetente está esperando e o reconhecimento de todos os bytes anteriores. Neste caso, o valor 1 indica que o servidor reconhece o recebimento do SYN = 1 e está esperando o primeiro byte de dados da aplicação do cliente.

O cliente responde com um pacote de ACK = 1, agora com número de sequência 1 e aguardando o primeiro byte da aplicação do servidor (número ACK = 1, pois também recebeu um pacote com SYN = 1).

Neste momento, a conexão está estabelecida entre cliente e servidor e inicia-se a troca de dados entre os processos de aplicação. Por se tratar de uma conexão do protocolo HTTP neste exemplo, o próximo pacote é remetido pelo cliente.

O cliente envia um pacote para o servidor contendo as flags PUSH = 1 e ACK = 1 e "carregando" 42 bytes de dados da aplicação (esse é o pacote com o GET HTTP, e por isso possui apenas 42 bytes e flag PUSH setada). Esse pacote mantém o nú-

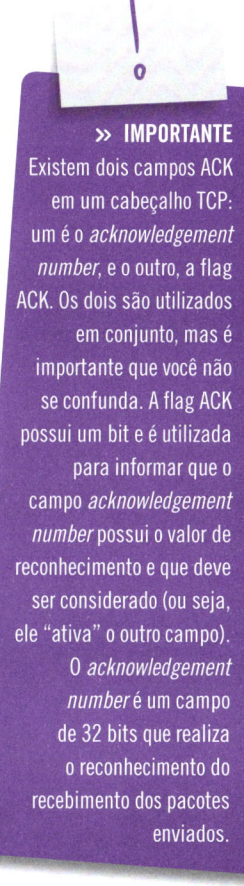

> » **IMPORTANTE**
> Existem dois campos ACK em um cabeçalho TCP: um é o *acknowledgement number*, e o outro, a flag ACK. Os dois são utilizados em conjunto, mas é importante que você não se confunda. A flag ACK possui um bit e é utilizada para informar que o campo *acknowledgement number* possui o valor de reconhecimento e que deve ser considerado (ou seja, ele "ativa" o outro campo).
> O *acknowledgement number* é um campo de 32 bits que realiza o reconhecimento do recebimento dos pacotes enviados.

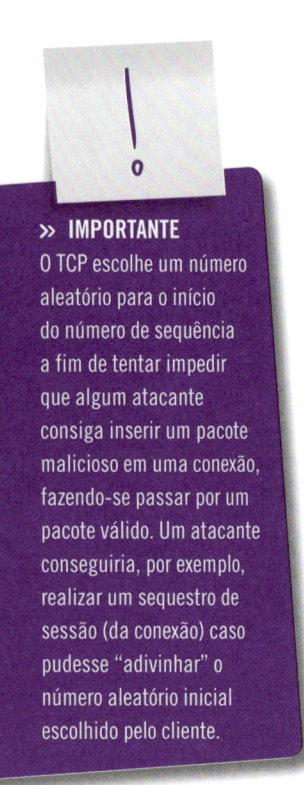

mero de sequência 1 por não ter ocorrido ainda uma troca de dados de aplicação. Além disso, mantém o número de reconhecimento de 1 (aguarda o primeiro byte de dados da aplicação do servidor).

O servidor responde com um pacote com ACK = 1 (avisando que o cliente deve considerar o *acknowledgement number*), número de sequência 1 e reconhecimento = 43. O número 43 indica que o servidor recebeu corretamente os primeiros 42 bytes de dados e está aguardando pelo 43º byte da aplicação.

O cliente envia mais 2 bytes da aplicação no pacote com número de sequência 43 e aguarda o primeiro byte da aplicação do servidor.

O servidor, que ainda não enviou dados de aplicação ao cliente, envia um pacote que continua mantendo o número de sequência 1 e reconhecimento dos 44 bytes anteriores. Está aguardando o 45º byte.

Em seguida, o servidor envia 350 bytes ao cliente. Esse pacote possui o número de sequência 1, já que é o primeiro pacote de dados do servidor ao cliente, e continua aguardando o 45º byte da parte do cliente.

O cliente envia em seu pacote com número de sequência 45 o reconhecimento dos 350 bytes do servidor e aguarda o 351º byte. Em seguida, a conexão é finalizada.

Antes de analisarmos a finalização da conexão, a Figura 3.4 apresenta a mesma conexão da Figura 3.3 sem a relativização do primeiro número de sequência. O cliente 10.1.0.120 escolhe aleatoriamente o valor 2.974.984.960 para seu pacote inicial da conexão, e o servidor, o valor 1.542.774.380. Todos os números são relativos a esses valores iniciais na conexão.

> **» IMPORTANTE**
> O TCP escolhe um número aleatório para o início do número de sequência a fim de tentar impedir que algum atacante consiga inserir um pacote malicioso em uma conexão, fazendo-se passar por um pacote válido. Um atacante conseguiria, por exemplo, realizar um sequestro de sessão (da conexão) caso pudesse "adivinhar" o número aleatório inicial escolhido pelo cliente.

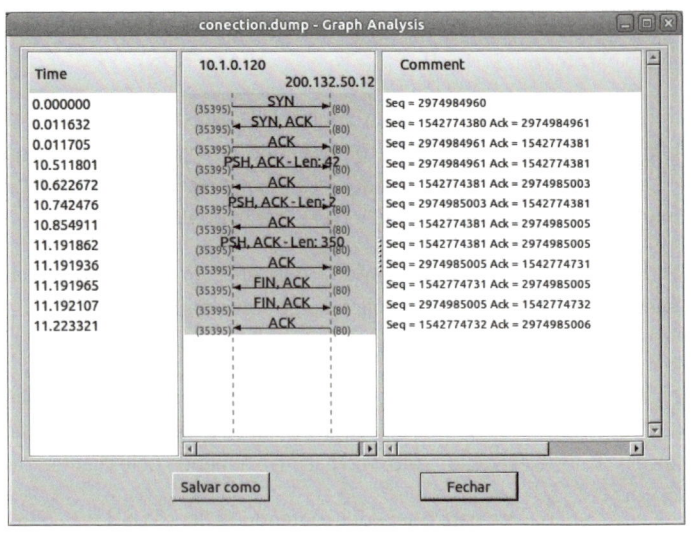

Figura 3.4 Conexão TCP com números de sequência reais.
Fonte: Dos autores.

> **PARA SABER MAIS**
>
> As Figuras 3.3 e 3.4 foram obtidas com o uso da ferramenta **wireshark**. Para obter a descrição desta forma, capture uma conexão e vá ao menu: statistics → flow graph → opção TCP Flow.
>
> O wireshark automaticamente relativiza o número de sequência dos pacotes. Se você quiser ver o número real, vá ao menu: edit → preferences → protocols → TCP. Então, desmarque a opção "*Relative sequence numbers*".

Finalizando uma conexão TCP

Para finalizar uma conexão, uma das pontas deve indicar que não possui mais dados a transmitir. Essa notificação pode ser feita em um pacote específico (sem dados) ou no último pacote contendo os dados finais da aplicação. De qualquer maneira, este pacote possui a flag FIN = 1. Ao receber um pacote com esta notificação (FIN = 1), a estação deve reconhecer seu recebimento com um pacote contendo ACK = 1 (não esqueça que o recebimento de uma flag FIN = 1 também incrementa o número de sequência em 1).

Tendo em vista que uma conexão TCP é bidirecional, não basta que apenas uma das pontas finalize a conexão. A estação que recebeu a notificação de finalização deve também enviar um pacote contendo FIN = 1, e a estação que receber esse pacote deve reconhecer seu recebimento com outro pacote de ACK = 1.

Considere que a finalização de uma conexão é formada por dois procedimentos de *two-way handshake* do tipo FIN e ACK. Considere a Figura 3.5 contendo uma conexão completa TCP, finalizada inicialmente pelo cliente.

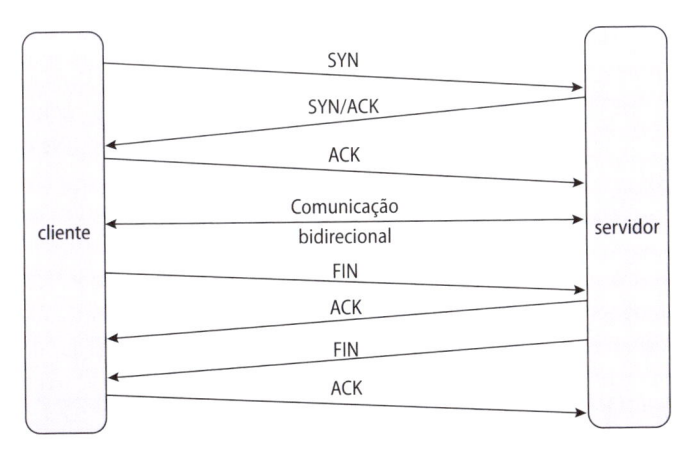

Figura 3.5 Conexão TCP completa.
Fonte: Dos autores.

Nas Figuras 3.3 e 3.4, vimos que o procedimento de finalização da conexão ocorre de uma maneira um pouco diferente da descrita na Figura 3.5. Como podemos perceber, na conexão das Figuras 3.3 e 3.4, é enviado FIN = 1, e a resposta é formada pelas flags ACK = 1 e FIN = 1, ou seja, une-se os pacotes 2 e 3 da finalização em um único pacote (que reconhece a finalização recebida e já envia sua notificação de finalização). Por fim, esta segunda notificação é reconhecida com ACK = 1. Esse tipo de finalização é bastante comum e "economiza" um pacote.

É possível, por exemplo, que apenas uma das pontas envie FIN = 1 e receba ACK = 1. Isso indica que essa ponta da conexão não transmitirá mais pacotes, mas não significa que parou de aguardar por pacotes da outra ponta. A outra ponta pode continuar enviando pacotes que serão recebidos normalmente, configurando uma conexão *half-open*. Quando a segunda ponta da conexão finalizar o envio, enviará FIN = 1 e aguardará ACK.

>> Controlando múltiplos clientes

Quando vimos o protocolo UDP, identificamos que esse protocolo não possui uma conexão entre cliente e servidor. Cada pacote é enviado de forma independente e tratado de maneira idêntica. Se dois ou mais clientes enviarem pacotes UDP ao servidor, ele deverá tratar os pacotes de forma idêntica.

O TCP, ao contrário, é orientado à conexão. Isso significa que necessita de um maior controle sobre os pacotes que recebe. Cada pacote faz parte de um contexto inserido dentro da conexão e deve ser tratado de acordo com esse contexto. O TCP deve então tratar o recebimento de pacotes e a entrega desses pacotes ao processo de aplicação de forma especial.

>> PARA SABER MAIS

O livro *Redes de computadores: nível de aplicação e instalação de serviço*s (SCHMITT; PERES; LOUREIRO, 2013) possui o código fonte em PHP de exemplos de clientes e servidores UDP e TCP. Nesse código é possível identificar as diferenças do uso de conexões no nível de aplicação (o programador deve desenvolver seu código de acordo com o protocolo que pretende utilizar).

Para que possa atender mais de um cliente simultaneamente, um servidor TCP deve ser capaz de tratar cada conexão de maneira independente (isso é feito através da criação de um processo filho para cada cliente). O protocolo TCP consegue diferenciar entre as diversas conexões e entregar os pacotes para o processo filho correto.

O TCP diferencia uma conexão de outra por meio de um identificador único de conexão denominado *socket pair*. O *socket pair* é formado por quatro valores da conexão: o endereço IP de origem do pacote, a porta de origem do pacote, o endereço IP de destino do pacote e a porta de destino do pacote. Essas quatro informações são únicas para cada conexão TCP.

A diferenciação é feita da seguinte maneira: se dois clientes em estações diferentes conectarem-se no mesmo servidor, terão endereços IP diferentes. Se uma estação possui dois clientes (duas janelas em um navegador, por exemplo), enviará pacotes com portas de origem diferentes para cada conexão.

A Figura 3.6 possui um exemplo de um servidor TCP atendendo vários clientes simultaneamente.

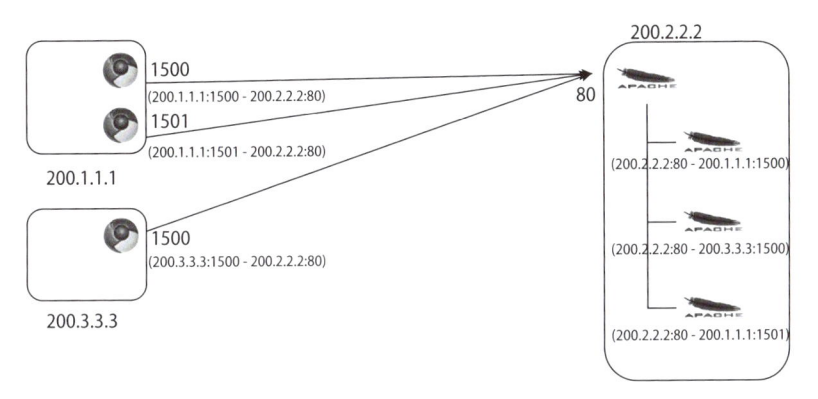

Figura 3.6 Servidor TCP com múltiplos clientes.
Fonte: Dos autores.

Na Figura 3.6, temos os clientes à esquerda e o servidor à direita. No primeiro momento, o servidor deve estar em modo LISTEN, ou seja, aguardando requisições de conexão.

Assim que o primeiro cliente envia um pacote SYN, esse processo servidor realizará uma chamada ao sistema operacional para que crie um processo filho a fim de atender esta chamada (processos filhos são processos idênticos ao processo pai que os criou por meio de uma chamada de sistema). É o processo filho criado que aceitará a conexão enviando o pacote SYN/ACK. A criação do processo filho é de responsabilidade do programa de aplicação. Se o programador não realizar esse procedimento, o servidor poderá atender apenas um cliente por vez.

Este novo processo filho estará vinculado ao TCP pelo *socket pair*. Na Figura 3.6, temos o primeiro processo filho responsável pela conexão entre a máquina 200.1.1.1 na porta 1500 e a máquina 200.2.2.2 na porta 80. Temos, na figura, uma segunda estação criando a conexão entre a máquina 200.3.3.3 na porta 1500 e a máquina 200.2.2.2 na porta 80.

Caso uma mesma estação abra uma nova conexão, como no exemplo, teremos outro processo filho sendo criado. Na figura, o terceiro processo filho é responsável pela conexão entre a máquina 200.1.1.1 na porta 1501 e a máquina 200.2.2.2 na porta 80.

O TCP é responsável por receber os pacotes da rede e entregar esses pacotes ao processo filho correto. Isso permite que um servidor atenda mais de um cliente simultaneamente utilizando uma única porta TCP local. O processo pai permanece sempre no estado de LISTEN, ou seja, sempre aguardando novas conexões de clientes.

Em uma estação Linux executando o servidor apache, podemos identificar os processos filhos criados pelo apache com o comando "ps fax | grep apache". A saída do comando será similar a este exemplo:

```
websrv:~# ps fax | grep apache
 3014 ?        Ss     0:00 /usr/sbin/apache
29432 ?        S      0:01  \_ /usr/sbin/apache
29448 ?        S      0:02  \_ /usr/sbin/apache
29449 ?        S      0:04  \_ /usr/sbin/apache
29517 ?        S      0:01  \_ /usr/sbin/apache
29545 ?        S      0:01  \_ /usr/sbin/apache
29697 ?        S      0:01  \_ /usr/sbin/apache
29905 ?        S      0:01  \_ /usr/sbin/apache
30008 ?        S      0:00  \_ /usr/sbin/apache
30116 ?        S      0:00  \_ /usr/sbin/apache
30131 ?        S      0:00  \_ /usr/sbin/apache
30153 ?        S      0:00  \_ /usr/sbin/apache
30157 ?        S      0:00  \_ /usr/sbin/apache
30163 ?        S      0:00  \_ /usr/sbin/apache
```

Notamos que existem 13 processos filhos criados pelo apache (o servidor apache realiza a criação de processos filhos mesmo que não existam conexões ativas por parte dos clientes). Com o comando "netstat -ltunap | grep 80" vemos os *socket pairs* que estão utilizando a porta 80 no momento, como no seguinte exemplo.

```
websrv:~# netstat -latunp | grep 80

tcp 0 0         0.0.0.0:80          0.0.0.0:*  OUÇA              3014/apache
tcp 0 8761      10.1.1.4:80         89.155.96.185:52665    ESPERA_FIN1-
tcp 0 0         10.1.1.4:80         187.116.153.18:1994        ESPERA_FIN2
tcp 0 0         10.1.1.4:80         187.116.153.18:1992        ESPERA_FIN2-
tcp 0 0         10.1.1.4:80         187.116.153.18:1998        ESPERA_FIN2-
tcp 0 0         10.1.1.4:80         187.116.153.18:1996        ESPERA_FIN2-
tcp 0 0         10.1.1.4:80         10.2.6.39:1456             ESTABELECIDA30157/apache
tcp 0 22928     10.1.1.4:80         201.49.225.246:48480   ESPERA_FIN1-
tcp 0 0         10.1.1.4:80         187.10.25.78:1408          ESTABELECIDA30008/apache
tcp 0 13140     10.1.1.4:80         187.26.72.217:2715         ESTABELECIDA30153/apache
tcp 0 0         10.1.1.4:80         189.88.113.181:1595        ESPERA_FIN2-
tcp 0 0         10.1.1.4:80         216.129.119.43:32945       TIME_WAIT-
tcp 0 0         10.1.1.4:80         216.129.119.43:54335       TIME_WAIT-
```

Nesse exemplo, percebemos na primeira linha que o processo com ID 3014 está no modo "OUÇA", ou seja, LISTEN. Se olharmos o exemplo anterior, perceberemos que o processo 3014 é, na realidade, o processo apache pai.

Da linha 2 à linha 6, temos conexões sendo finalizadas e, na sétima linha, uma conexão ativa entre a estação 10.1.1.4 na porta 80 (o servidor apache) e a estação remota (cliente) 10.2.6.39 na porta 1456. Essa conexão está sendo atendida pelo processo ID 30157 (penúltima linha do exemplo anterior).

Observe também que as linhas 3 – 6 são conexões de uma mesma estação 187.116.153.18 utilizando diferentes portas clientes, uma para cada conexão.

» Round Trip Time

Uma das definições básicas e essenciais para todo o processo de controle de erros do TCP é a do tempo necessário para que um pacote chegue ao destino. Essa informação serve como base, por exemplo, para a definição de quanto tempo uma estação deve aguardar pela confirmação da chegada de um pacote.

O RTT (*Round Trip Time* ou "tempo médio de viagem") é o tempo necessário para enviar uma mensagem entre as estações. A medida do RTT é feita pela primeira vez durante o estabelecimento da conexão (SYN, SYN/ACK, ACK) e é atualizada durante toda a duração da conexão, tendo em vista que as condições (e, consequentemente, o próprio RTT) da rede variam neste período.

Ao enviar um pacote SYN = 1, o cliente dispara um relógio temporizador até o recebimento do pacote SYN/ACK. O tempo gasto para o envio do SYN e o recebimento da resposta é igual a RTT $\times$ 2 (ida e volta). Da mesma maneira, ao enviar o SYN/ACK, o servidor dispara um temporizador até a chegada do ACK final do estabelecimento da conexão. Dessa forma, ambas as pontas identificam quanto tempo leva o envio de mensagens e o recebimento de respostas.

A Figura 3.7 representa a obtenção do tempo de RTT durante o estabelecimento de uma conexão.

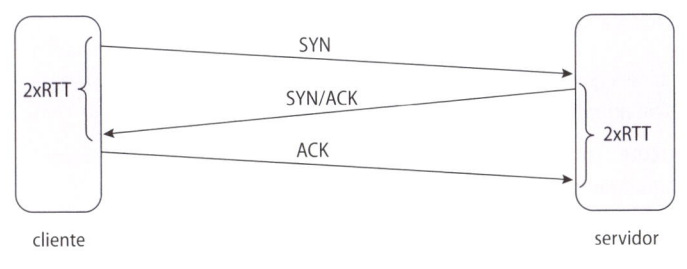

Figura 3.7 Obtenção do RTT durante o estabelecimento de uma conexão TCP.
Fonte: Dos autores.

> **» IMPORTANTE**
> Caso o servidor não responda ao primeiro SYN (nem mesmo enviando um RST), o cliente deverá aguardar por um tempo limite relativamente grande pelo SYN/ACK, pois ainda não possui o valor do RTT. Da mesma forma, se o servidor envia o SYN/ACK e não recebe o ACK como resposta, ficará aguardando por um tempo grande (em alguns casos, por até 4 minutos). Isso possibilita um ataque conhecido como SYN Flooding. Pesquise sobre este ataque!

Após o estabelecimento da conexão, o tempo entre o envio de pacotes e o recebimento das confirmações continua sendo monitorado, e o RTT é atualizado constantemente, com o cálculo definido no RFC 2988, disponível no ambiente virtual de aprendizagem.

Como veremos adiante, o RTT é utilizado como base de tempo para a identificação da perda de pacotes em trânsito no controle de erros.

Controle de fluxo

Para que se tire o máximo proveito das conexões, vários pacotes TCP são enviados em conjunto, mesmo que a confirmação do primeiro pacote não tenha chegado. Como existe o recebimento de vários pacotes via rede, a utilização de *buffers* é necessária devido ao tempo gasto para o processamento de cada pacote por parte do TCP. Enquanto um pacote é processado, os pacotes que estão chegando são armazenados neste espaço temporário de memória.

Conforme a velocidade (fluxo) de recebimento de pacotes, uma fila é formada no *buffer* e, se não houvesse esse controle de fluxo, ao esgotar este espaço, os pacotes que chegassem seriam descartados.

Após o estabelecimento da conexão, o TCP deve iniciar o controle dos *buffers* para o envio e o recebimento de pacotes. O tamanho do *buffer* de recepção já foi informado no estabelecimento da conexão no campo *window size* (tamanho da janela), portanto, tanto o cliente quanto o servidor sabem a quantidade de bytes que podem enviar um ao outro sem perda de pacotes por falta de espaço no *buffer*.

O TCP utiliza um algoritmo para controle de fluxo denominado **janela deslizante** (*sliding window*). O *buffer* de transmissão organiza os pacotes a serem transmitidos, classificando-os em quatro grupos:

1. Pacotes que já foram transmitidos e já foram reconhecidos com *acknowledgement number*.
2. Pacotes que já foram transmitidos e que ainda não foram reconhecidos (aguardando *acknowledgement number*).
3. Pacotes que não foram transmitidos, porém podem ser transmitidos por possuírem espaço no *buffer* da estação destino.
4. Pacotes que não foram transmitidos e que não podem ser transmitidos por falta de espaço no *buffer* do destino.

A Figura 3.8 apresenta um exemplo de *buffer* de transmissão com os diferentes tipos de pacotes.

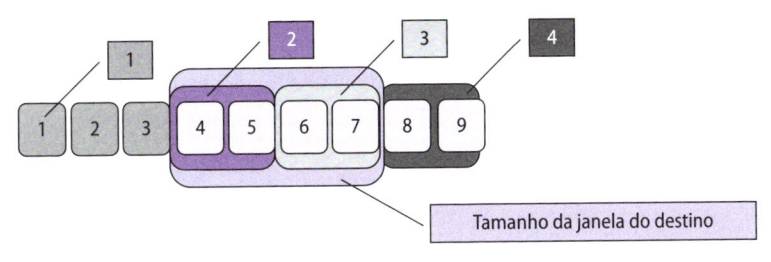

Figura 3.8 Classificação dos pacotes na janela de transmissão.
Fonte: Dos autores.

Na Figura 3.8, os pacotes 1, 2 e 3 já foram enviados de forma correta (a estação já recebeu o *acknowledgement number* referente a eles). A estação recebeu anteriormente um pacote com o campo *window size* do destino contendo o tamanho do seu *buffer* de recepção. A estação sabe então, neste exemplo, que pode transmitir os pacotes de 4 a 7 sem extrapolar o *buffer* do destino. Os pacotes 4 e 5 já foram enviados, porém o reconhecimento ainda não foi recebido. Os pacotes 6 e 7 podem ser transmitidos imediatamente. Os pacotes 8 e 9 não podem ser transmitidos enquanto o destino não liberar espaço no *buffer*.

Assim que o destino processar os quadros que estão no seu *buffer*, realizará o reconhecimento (enviará um pacote com *ack*) deles, "deslizando" a janela. Vamos analisar um passo a passo na Figura 3.9.

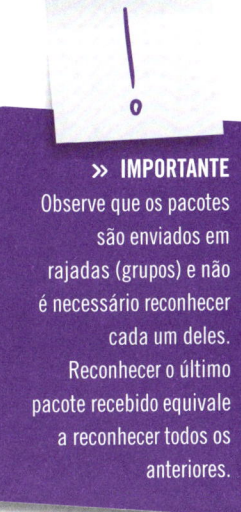

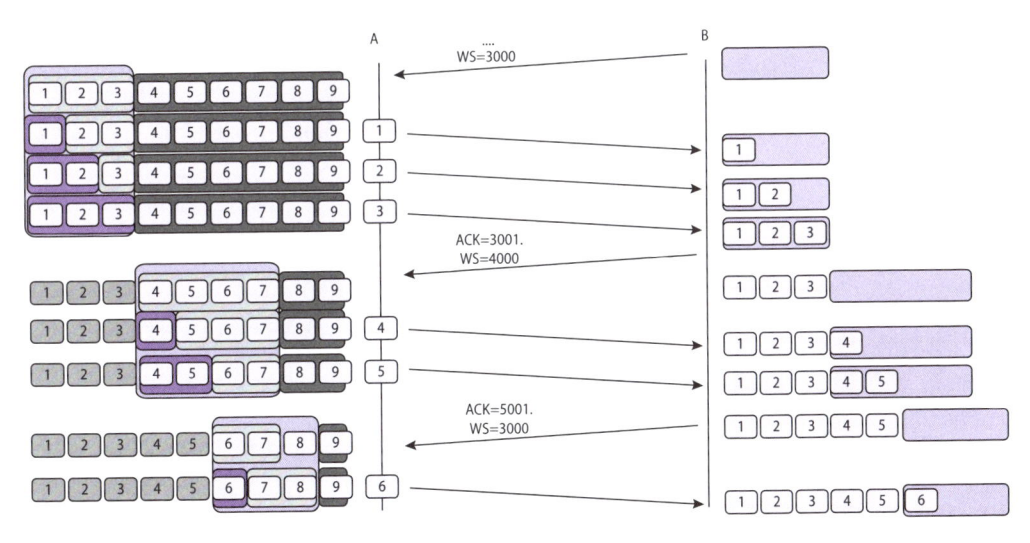

> » **IMPORTANTE**
> Observe que os pacotes são enviados em rajadas (grupos) e não é necessário reconhecer cada um deles. Reconhecer o último pacote recebido equivale a reconhecer todos os anteriores.

Figura 3.9 Exemplo de uso da janela deslizante.
Fonte: Dos autores.

> **IMPORTANTE**
> No exemplo da Figura 3.9, existe apenas um fluxo de dados de A para B. Este tipo de fluxo não reflete a maioria das conexões, em que temos troca de dados de forma bidirecional. Colocamos o exemplo desta forma para facilitar o entendimento.

> **ATENÇÃO**
> Com um fluxo bidirecional, os valores do número de reconhecimento (**acknowledgement number**) são enviados nos cabeçalhos de pacotes contendo dados (e não em pacotes especiais de reconhecimento). Imagine o primeiro ACK inserido em um pacote normal de dados de aplicação de B para A, e o pacote 4 tendo um reconhecimento de A para B deste pacote. Esta "carona" que o reconhecimento pega em um pacote de dados, denominada **piggybacking**, é realizada para evitar a necessidade de um pacote específico para reconhecimento (economia de banda).

A Figura 3.9 descreve uma situação após o estabelecimento da conexão TCP, em que temos uma estação A com 9 pacotes a serem transmitidos para a estação B. Para facilitar o entendimento, considere, nesse exemplo, que cada pacote possui 1000 bytes de dados.

No decorrer da comunicação, em um determinado momento, A identificou que B possui espaço no *buffer* de recepção capaz de armazenar os pacotes 1, 2 e 3 (WS = 3000 bytes) no início da figura. A estação A define que os pacotes 1, 2 e 3 podem ser transmitidos. O pacote 1 é transmitido. Nesse momento, temos o pacote 1 como transmitido, mas não reconhecido, e os pacotes 2 e 3 como passíveis de transmissão.

Os pacotes 2 e 3 são transmitidos e marcados como transmitidos e não reconhecidos, até que a estação B envia um pacote de reconhecimento contendo *acknowledgement number* = 3001, ou seja, os pacotes com dados de 1 – 3000 bytes (pacotes 1, 2 e 3) foram reconhecidos. No mesmo pacote de reconhecimento, o campo *window size* possui o valor 4000.

Neste momento, a janela desliza agora contendo os pacotes 4, 5, 6 e 7 (4000 bytes). O pacote 4 é enviado e marcado como enviado e não reconhecido, os pacotes 5, 6 e 7 são passíveis de envio e os pacotes 8 e 9 não "cabem" no *buffer* da estação B.

O pacote 5 é enviado, e um novo pacote de reconhecimento com o novo valor do *window size* é enviado por B. Isso faz a janela deslizar novamente.

Observe que não é necessário preencher completamente o espaço disponível no *buffer* para que o reconhecimento seja enviado. Normalmente a janela desliza sem que esse espaço tenha sido completamente preenchido.

O controle de fluxo faz as estações enviarem apenas a quantidade de dados que o destino pode receber. Além disso, considerando que a janela só desliza no reconhecimento, o algoritmo de janela deslizante faz parte do controle de erros do TCP.

Window scale

O cabeçalho TCP prevê a divulgação do tamanho do *buffer* de recepção entre as estações. O campo *window size* (WS na Figura 3.9) serve para que, a cada pacote enviado, uma estação informe para a outra qual é o espaço disponível para receber dados. O campo WS possui 16 bits que descrevem o tamanho do *buffer* em bytes. Isso significa que o valor máximo do campo é de 64 KB. O valor de 64 KB pode ser considerado baixo para algumas aplicações. Além disso, as estações atuais têm a capacidade de criar *buffers* maiores que isso para a rede.

Tendo em vista a necessidade de aumentar o campo WS em algumas situações, criou-se o campo opcional denominado *window scale*. Esse campo indica um índice de escala a fim de adequar o *window size* para até 30 bits.

Funciona assim: o *window size* possui um valor representado em 16 bits. O *window scale* possui um índice que define um valor para deslocamentos de bits (*shifts*), aumentando o valor do *window size* em escala logarítmica.

>> EXEMPLO

Para familiarizá-lo com o processo de *shift*, veja um exemplo:

Vamos utilizar como exemplo o número 2 em binário: 10. Se você fizer um deslocamento (*shift*) destes bits para a esquerda, adicionando um zero na direita, terá 100, que equivale ao valor 4, ou seja, o dobro do valor anterior. Adicionando mais um bit à direita e deslocando os bits para a esquerda, temos 1000 = 8.

Realizando o deslocamento em um bit, multiplica-se o valor do WS por 2, aumentando dois bits = WS × 4, três bits = WS × 8, quatro bits = WS × 16 e assim por diante.

Vamos analisar o cabeçalho TCP do pacote SYN da conexão da Figura 3.3, na Figura 3.10.

```
▷ Frame 1: 74 bytes on wire (592 bits), 74 bytes captured (592 bits)
▷ Ethernet II, Src: IntelCor_6e:42:62 (00:26:c7:6e:42:62), Dst: Vmware_74:7d:0c (00:0c:29:74:7d:0c)
▷ Internet Protocol Version 4, Src: 10.1.0.120 (10.1.0.120), Dst: 200.132.50.12 (200.132.50.12)
▽ Transmission Control Protocol, Src Port: 35395 (35395), Dst Port: http (80), Seq: 0, Len: 0
    Source port: 35395 (35395)
    Destination port: http (80)
    [Stream index: 0]
    Sequence number: 0    (relative sequence number)
    Header length: 40 bytes
  ▷ Flags: 0x002 (SYN)
    Window size value: 14600
    [Calculated window size: 14600]
  ▷ Checksum: 0x8887 [validation disabled]
  ▽ Options: (20 bytes), Maximum segment size, SACK permitted, Timestamps, No-Operation (NOP), Window scale
    ▷ Maximum segment size: 1460 bytes
    ▷ TCP SACK Permitted Option: True
    ▷ Timestamps: TSval 6593052, TSecr 0
    ▷ No-Operation (NOP)
    ▷ Window scale: 7 (multiply by 128)
```

Figura 3.10 Cabeçalho TCP do pacote de estabelecimento de conexão SYN.
Fonte: Dos autores.

Podemos ver, na Figura 3.10, que o campo *window size* possui o valor de 14.600 em decimal, que equivale em binário a *11100100001000*. O campo opcional *window scale* possui o valor de escala 7, ou seja, desloca-se o valor do *window size* sete vezes para a esquerda, gerando o valor: *111001000010000000000*. Esse novo valor equivale em decimal a: 1.868.800.

Conforme vimos anteriormente os deslocamentos:

- 1 bit = 2 × o valor do *window size*.
- 2 bits = 4 × o valor do *window size*.
- 3 bits = 8 × o valor do *window size*.
- 4 bits = 16 × o valor do *window size*.
- 5 bits = 32 × o valor do *window size*.
- 6 bits = 64 × o valor do *window size*.
- 7 bits = 128 × o valor do *window size*.

Assim, 14.600 × 128 = 1.868.800. Também podemos analisar que, sem o *window scale*, esse valor não poderia ser utilizado no campo *window size* de 16 bits, pois possui 21 bits.

O campo *window scale* é definido no RFC 1072 e atualizado no RFC 1323. O valor máximo de escala definido pelo RFC é de 14 deslocamentos que, somando com os 16 bits do *window size*, possibilita um total de 30 bits.

Com os 30 bits, temos um novo descritor de tamanho de *buffer* de 30 bits. Devemos considerar, no entanto, que os bits de deslocamento são sempre preenchidos com o bit zero, ou seja, o maior valor seria o *window size* máximo de 65.535 + deslocamento de 14 zeros, formando o número binário: *111111111111111100000000000000* = 1.073.725.440 em decimal. Em resumo, temos uma janela máxima de aproximadamente 1 GB.

O campo *window scale* só é transmitido em conjunto com a flag SYN (durante o estabelecimento da conexão nos pacotes SYN do cliente e SYN/ACK do servidor), tendo em vista que o campo de escala permanece fixo durante toda a conexão. A escala só será considerada se as duas estações enviarem o campo opcional *window scale* durante o processo de conexão. Se uma das pontas não enviar esse campo, a escala não será considerada.

≫ Controle de erros

A base para o controle de erros de transmissão do TCP é o reconhecimento (*acknowledgement*) que o destinatário deve enviar para os pacotes de dados. Sempre que recebe um pacote, o TCP deve processar esse pacote e verificar sua integridade por meio do cálculo de *checksum* e, se constatar que o pacote está íntegro, deverá reconhecer seu recebimento.

Ao enviar um pacote, a estação deve iniciar um temporizador para o recebimento do reconhecimento positivo e armazenar uma cópia dos dados em uma fila de retransmissão (isso é feito ao classificar o pacote como enviado, porém não reconhecido na janela deslizante). Caso não receba o reconhecimento no tempo limite (TIME-OUT), a estação retransmitirá o pacote, iniciando novamente o contador de tempo.

> ### ≫ PARA SABER MAIS
>
> O cálculo de *checksum* verifica a integridade total do pacote. Se um ou mais bits foram "trocados" durante a transmissão, o cálculo de *checksum* feito pelo destinatário será diferente do valor no campo *checksum*, identificando o problema. Esse cálculo não aponta, no entanto, qual bit foi trocado. Isso significa que todo o pacote deve ser retransmitido.

Todo o processo de retransmissão é realizado pelo remetente, baseando-se no TIME-OUT da transmissão do pacote (expiração do tempo no relógio temporizador relativo a um determinado pacote). Caso o destinatário receba um pacote com erro de *checksum*, ele simplesmente descartará o pacote (na prática, não há diferença entre receber um pacote com erro ou não receber o pacote).

Quando um TIME-OUT ocorre, o TCP deve escolher entre duas possíveis políticas:

1. *Retransmissão apenas dos pacotes que estouraram o temporizador:* retransmite o pacote com erros e continua a transmissão normalmente. Se ocorrer TIME-OUT com outro pacote, ele também será retransmitido. Esta política tem como objetivo contornar erros em um ou poucos pacotes.
2. *Retransmissão de todos os pacotes a partir do pacote com erro:* retransmite todos os pacotes que não foram reconhecidos a partir do pacote com TIME-OUT. Tem por objetivo contornar situações em que ocorreram problemas em vários pacotes.

Nenhuma das duas políticas pode ser considerada ideal e, conforme a implementação do TCP, pode-se optar por uma, por outra, ou por uma seleção automática entre elas.

Vamos analisar a política 1 no exemplo da Figura 3.11.

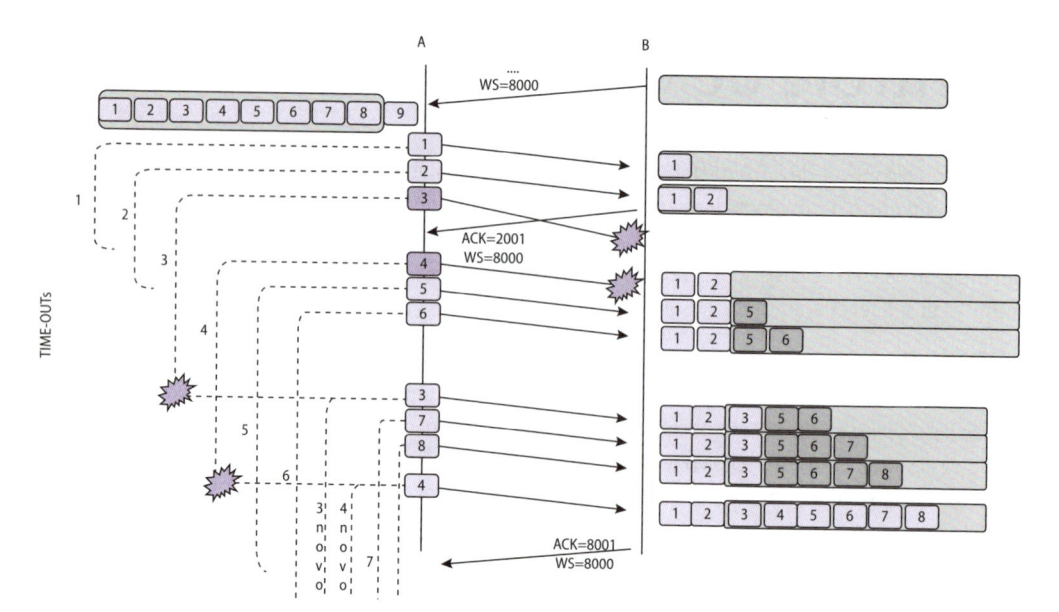

Figura 3.11 Política de retransmissão apenas dos pacotes com TIME-OUT.
Fonte: Dos autores.

No início da Figura 3.11, temos a definição do *buffer* de 8000 bytes da estação B e consequente definição da janela de transmissão de A. A estação A envia os pacotes 1, 2 e 3 e dispara os relógios temporizadores (TIME-OUT) que expirarão logo após.

Após receber os pacotes 1 e 2, a estação B envia um reconhecimento relativo a esses pacotes. A estação A recebe o reconhecimento deles antes da expiração do TIME-OUT e os marca como enviados e reconhecidos.

O pacote 3 foi transmitido com erro (não foi recebido por B). Sem identificar o erro, a estação A continua transmitindo os pacotes 4, 5 e 6. O pacote 4 também é enviado com erro. A estação B percebe que os pacotes 3 e 4 não chegaram e, portanto, não pode gerar o reconhecimento dos pacotes subsequentes (sempre que se reconhece um pacote com número de sequência X, reconhece-se todos os anteriores). A estação B simplesmente armazena os pacotes recebidos no *buffer* e continua aguardando pelos pacotes 3 e 4 (a estação B não sabe o que ocorreu com o pacote, ele ainda pode estar em trânsito).

O TIME-OUT do pacote 3 que ainda não foi reconhecido expira. A estação A retransmite somente o pacote 3 e continua na sequência normal da janela, transmitindo os pacotes 7 e 8.

O TIME-OUT do pacote 4 também expira, e ele é retransmitido.

Quando a estação B recebe o pacote 4, identifica que agora possui todos os pacotes que faltavam até o byte 8000 (pacotes 3, 4, 5, 6, 7 e 8) e envia o reconhecimento aguardando o byte 8001.

Ao receber o reconhecimento aguardando o byte 8001, a estação A marca todos os pacotes anteriores como enviados e reconhecidos e desliza a janela com o novo valor do *window size*.

Agora apresentamos um exemplo da política 2 na Figura 3.12.

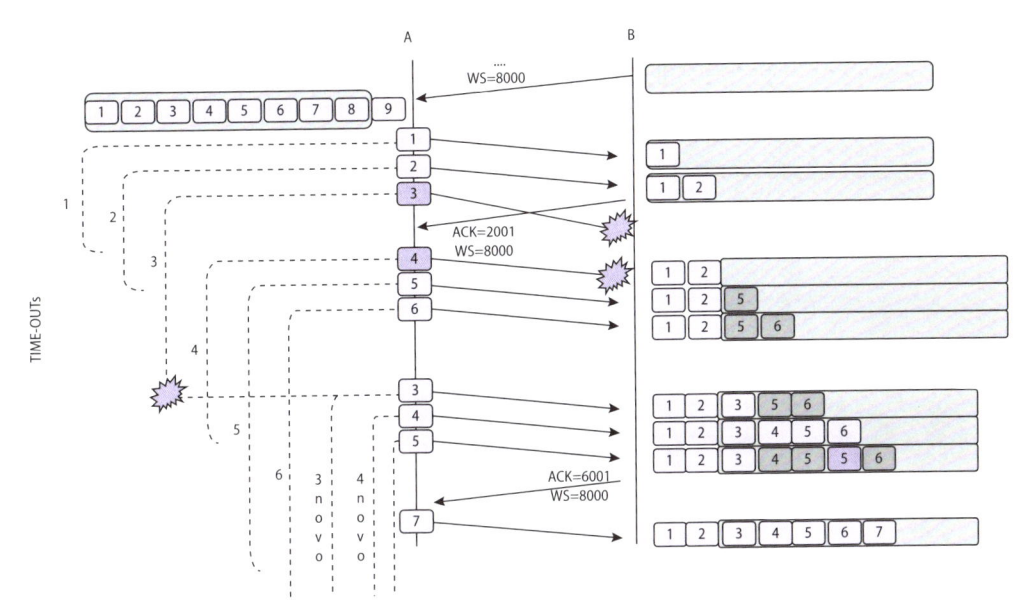

Figura 3.12 Política de retransmissão de todos os pacotes a partir do erro.
Fonte: Dos autores.

A transmissão da Figura 3.12 segue os mesmos passos até o estouro do TIME-OUT do pacote 3. A partir desse momento, a estação A passa a retransmitir todos os pacotes, na sequência, a partir do pacote 3. Os pacotes retransmitidos possuem seus relógios temporizadores.

Quando a estação B recebe os pacotes 3 e 4, identifica que agora possui todos os pacotes que faltavam até o byte 6000 (pacotes 3, 4, 5 e 6) e envia o reconhecimento aguardando o byte 6001. A estação A, antes de receber esse reconhecimento, já havia retransmitido também o pacote 5 que chegou à estação B.

A estação B, ao receber o pacote 5, novamente identificará, pelo número de sequência, que se trata de um pacote duplicado e descartará o pacote 5 que foi retransmitido.

Ao receber o reconhecimento aguardando o byte 6001, a estação A marca todos os pacotes anteriores como enviados e reconhecidos e desliza a janela com o novo valor do *window size*.

As duas políticas possuem aspectos positivos e problemas. A política de retransmissão apenas na ocorrência de TIME-OUT é adequada quando temos um número pequeno de pacotes perdidos. Caso tenhamos um número grande de pacotes, teremos que aguardar o TIME-OUT de cada um deles, perdendo tempo entre um TIME-OUT e outro. A política de retransmissão de todos os pacotes é, ao contrário, mais adequada quando temos um conjunto de pacotes perdidos. Todos serão retransmitidos sem precisarmos aguardar o TIME-OUT. O problema ocorre quando se perde apenas um ou poucos pacotes, o que acarreta um conjunto grande de pacotes duplicados (retransmissões desnecessárias).

O ideal seria que o receptor pudesse especificar um intervalo de reconhecimento em vez do último byte recebido. Isso não é possível com apenas um campo *acknowledgement number* no cabeçalho para esse valor. Pensando nisso, criou-se um campo opcional chamado SACK (*Selective Acknowledgements*), que veremos a seguir.

» SACK – Selective Acknowledgements

Como vimos no controle de erros, a base da confiabilidade do TCP está no reconhecimento dos bytes enviados por meio do campo *acknowledgement number*. Também vimos que existem duas políticas que podem ser implementadas pelo TCP: retransmissão apenas dos pacotes com TIME-OUT ou retransmissão de todos os pacotes a partir do pacote com erro. E vimos que nenhuma das duas é ideal em todas as situações.

Para melhorar o mecanismo de reconhecimento, existe a possibilidade de as estações negociarem a utilização do campo *selective acknowledgements* ou SACK.

O uso do SACK tem como objetivo permitir o reconhecimento de blocos não contíguos de bytes de forma individual.

O SACK é um campo opcional que contém uma lista de intervalos de números de sequência que foram recebidos corretamente, porém não foram reconhecidos por serem não contíguos (ou seja, pela falta do recebimento correto de um pacote anterior).

Vamos analisar a situação da Figura 3.13.

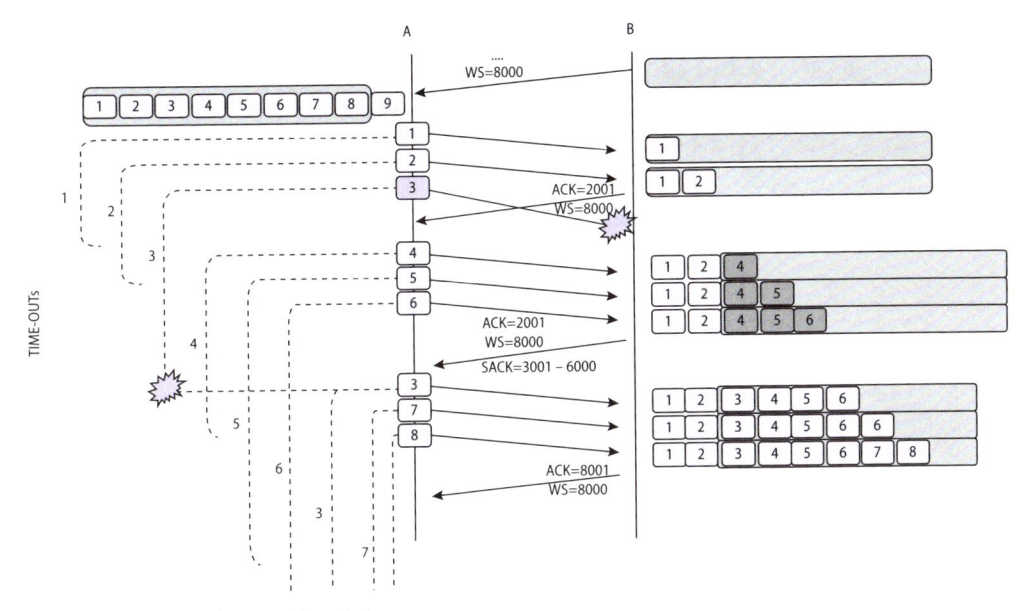

Figura 3.13 TCP *selective acknowledgement*.
Fonte: Dos autores.

No exemplo da Figura 3.13, ao receber os pacotes 4, 5 e 6, a estação B envia um pacote com *acknowledgement number* = 2001, ou seja, continua aguardando o pacote 3, mas com o campo SACK contendo o reconhecimento seletivo entre os bytes 3001 e 6000 (quadros 4, 5 e 6).

Ao receber o pacote contendo o SACK, a estação A marca os pacotes 4, 5 e 6 como tendo sido reconhecidos pelo mecanismo SACK (para isso, uma flag é adicionada em cada pacote a ser transmitido, gerando uma quinta classificação dos pacotes na janela de transmissão – veja a seção "Controle de fluxo"). Quando o processo de retransmissão é iniciado, a estação A utiliza a política de retransmissão completa a partir do pacote com erro. Porém esses pacotes reconhecidos pelo SACK não serão retransmitidos, evitando a duplicação de pacotes.

Para que o SACK seja utilizado, é necessário que cliente e servidor negociem durante a troca de pacotes SYN. Caso uma das estações não tenha suporte para o uso do SACK, ele é descartado nesta conexão.

Volte à Figura 3.10 e veja que, nos campos opcionais TCP, existe um campo *TCP SACK Permitted Option: True*, indicando que esta estação está apta a utilizar o mecanismo SACK.

❯❯ MSS – Maximum Segment Size

Sabemos que o objetivo das redes de computadores é compartilhar um enlace físico entre diversos equipamentos. Também sabemos que para um melhor aproveitamento do enlace e justiça entre as estações, devemos dividir os dados a serem transmitidos em quadros de tamanhos mínimo e máximo predefinidos. Esses tamanhos variam de acordo com a tecnologia de enlace. As redes ethernet, por exemplo, possuem como definição um tamanho máximo de quadro de enlace de 1.530 octetos, sendo:

- 7 octetos de preâmbulo (sincronização entre placas de rede)
- 1 octeto de delimitação de quadro
- 4 octetos de verificação de erros (CRC-32)
- 18 octetos de cabeçalho ethernet

Temos então que um quadro ethernet possui 1500 bytes de payload (parte de dados) para transportar, denominado MTU (*Maximum Transmission Unit*). Uma rede sem fios, por exemplo, possui MTU de 2300 bytes (dependendo da criptografia utilizada), e assim por diante.

Todas as camadas possuem a capacidade de fragmentação dos dados em pedaços menores. Isso torna possível que os dados da aplicação sejam divididos pelo nível de transporte, que os dados do nível de transporte sejam divididos pelo nível de rede e, finalmente, que os dados do nível de rede sejam divididos pelo nível de enlace. Temos então o lado bom da fragmentação: justiça entre as estações e melhor aproveitamento do meio de comunicação.

Temos que pensar, no entanto, que, se um pacote do nível de transporte for dividido, o cabeçalho de transporte ficará em um fragmento e os dados ficarão em outro. Um filtro de pacotes que necessita analisar a porta de origem e destino de um pacote terá que, obrigatoriamente, remontar esses fragmentos a fim de obter as informações necessárias para a filtragem. O aumento da complexidade das funções da rede e a possibilidade de diferentes tipos de comprometimento da segurança não compensam uma fragmentação feita desta maneira.

Em razão dos problemas decorrentes da fragmentação das camadas inferiores ao transporte, o nível de rede possui, no seu cabeçalho (IP), um bit de controle denominado DF (*don't fragment* – não fragmente). Esse bit é por padrão setado. Sempre que um equipamento necessita fragmentar o datagrama IP, ele verifica este bit e, se DF=1, envia uma mensagem de erro ICMP ao remetente indicando que "havia necessidade de fragmentação, porém o bit DF estava setado". Então, o datagrama é descartado. O ideal é que os dados da aplicação sejam fragmentados pelo nível de transporte e não necessitem mais fragmentação em momento algum durante a comunicação.

Considere que, por padrão, todas as tecnologias de enlace devem ser capazes de suportar um datagrama IP de 576 bytes de tamanho sem fragmentação. Se retirarmos os cabeçalhos IP (20 bytes) e TCP (outros 20 bytes), temos que, se os dados de aplicação forem divididos em grupos de 536 bytes, serão suportados pelas redes sem necessidade de fragmentação. Como não queremos fragmentação abaixo do nível de transporte, o RFC 879 definiu que o TCP tem por padrão utilizar um MSS (*Maximum Segment Size*) de 536 bytes. Na prática, o nível de transporte é o único nível que realiza a fragmentação dos dados. O MSS é o tamanho máximo em bytes dos dados de aplicação (ou seja, sem contar cabeçalhos de transporte, rede e enlace).

A Figura 3.14 apresenta as definições de MTU e MSS.

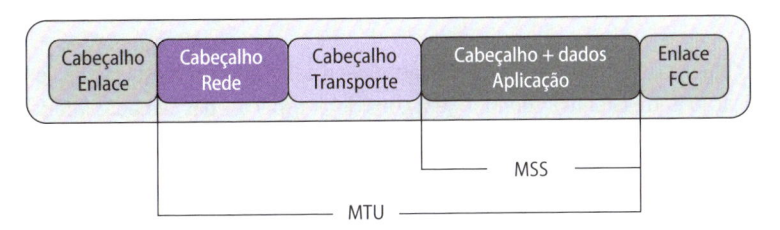

Figura 3.14 Tamanhos de MTU e MSS.
Fonte: Dos autores.

O MSS de 536 bytes garante o transporte sem fragmentação, porém não considera as questões de desempenho dos diferentes tipos de enlace. O RFC 1122 define que o TCP deverá identificar qual é o MSS ideal para uma comunicação, considerando os enlaces existentes. Para identificar o melhor MSS, o TCP possui um campo opcional denominado MSS.

Ao iniciar uma conexão com o pacote SYN, o cliente adiciona o campo MSS informando ao servidor que espera receber os pacotes com o MSS indicado nesse campo. O MSS é calculado pelo TCP considerando o MTU do enlace local da estação. Da mesma forma, o servidor informa ao cliente o seu MSS na resposta SYN/ACK. O RFC 1122 define que, se não for recebido um valor de MSS no campo opcional do TCP, deve-se assumir o valor padrão de 536 bytes.

Observe que não é uma negociação em busca de um tamanho ideal único para o cliente e o servidor, mas da troca de dois MSS (um do cliente e outro do servidor) que podem, ou não, ter o mesmo valor.

O campo MSS só existe nos pacotes SYN e SYN/ACK, e o MSS é mantido durante toda a conexão. Voltando à Figura 3.10, notamos que o cabeçalho apresenta o campo opcional MSS de 1460 bytes que o cliente envia ao servidor.

>> **IMPORTANTE**
Onde estão os outros 20 bytes? Na Figura 3.10, o cabeçalho TCP possui 20 bytes somente de campos opcionais, ficando com 40 bytes no total. Isso significa que o MSS deveria ser 1500 − 20 (IP) − 40 (TCP) = 1420. No entanto, esta definição do MSS é utilizada durante toda a conexão, e não será alterada. Para impedir qualquer interferência destes campos opcionais no cálculo, o RFC 1122 define que o cálculo de MSS seja realizado considerando apenas os campos fixos dos protocolos (qualquer campo opcional não entra no cálculo).

> **DICA**
> O RFC 793 que define o TCP não aborda como o TCP deve lidar com situações de congestionamento. Já o RFC 2001 definiu estas funcionalidades com os mecanismos de *slow start*, *congestion avoidance*, *fast retransmit* e *fast recovery*.

O cliente da Figura 3.10 está em uma rede com MTU de 1500 bytes (nesse caso, pode ser uma rede ethernet). O MSS é calculado considerando o MTU de 1500 bytes menos 20 bytes do cabeçalho IP, que resulta em 1480 bytes. Esses 1480 bytes menos 20 bytes do cabeçalho TCP resultam em 1460 bytes.

Controle de congestionamento

A camada de transporte, por definição, deve estabelecer um protocolo de comunicação entre cliente e servidor, sem considerar aspectos das camadas inferiores, como a existência ou não de redes intermediárias, múltiplos enlaces, roteadores, etc. Isso quer dizer que, a princípio, o TCP não deveria considerar a existência de congestionamento na rede. Não deveria, mas, na prática, considera.

Devemos levar em conta que o TCP envia os dados de acordo com um controle de fluxo que só considera o tamanho da janela da outra ponta. Essa preocupação de desempenho e desconsideração em relação ao que ocorre na rede pode, em situações de congestionamento com muitas conexões TCP, acabar agravando ainda mais a situação.

Ao iniciar uma conexão, o TCP troca informações de tamanho de janelas entre cliente e servidor. Aprendemos que o limite de pacotes que uma estação pode enviar é definido pelo tamanho da janela (*buffer*) da estação destino. Na prática, o TCP não deve considerar apenas esta informação e sair disparando pacotes até que o tamanho se esgote. Em vez disso, existe uma técnica de início de transmissão de pacotes que tem por objetivo identificar a situação da rede em relação a sua carga.

> **IMPORTANTE**
> Imagine que o MSS seja de 1460 bytes. O TCP poderá, em um primeiro momento, enviar quantos pacotes forem necessários com esse limite de tamanho (pode ser atingido esse limite em um, dois ou mais pacotes). Se for(em) reconhecido(s), poderá(ão) enviar 2920 bytes em dois ou mais pacotes. No algoritmo de exemplo, o valor da *congestion window* será sempre incrementado em uma vez o valor do MSS até atingir o valor da *window size* da estação remota.

» Slow start

O algoritmo de *slow start* define que o TCP deve enviar no máximo o valor de 1 × MSS como primeiro conjunto de pacotes. Isso significa que enviará um pacote de tamanho máximo (ou vários até chegar ao limite do valor do MSS) e aguardará pelo reconhecimento. O limite de bytes que podem ser enviados no algoritmo de *slow start* é denominado *congestion window*.

Caso o reconhecimento chegue sem problemas, o TCP poderá enviar agora 2 × MSS (dobra o valor de bytes que podem ser enviados de uma só vez). Se receber o reconhecimento sem problemas, poderá enviar 3 × MSS, e assim por diante. Ou seja, se tudo estiver transcorrendo bem, sem perda de pacotes, o *congestion window* poderá aumentar de tamanho.

O valor do *congestion window* não é mais incrementado no momento em que se atinge o valor do *window size* da outra estação, respeitando o controle de fluxo.

Utilizando o *slow start*, você deve considerar que cada estação possui, no início da conexão, dois valores para estabelecer o máximo de bytes que pode enviar: *window size* e *congestion window*.

No primeiro momento, o *window size* possui o valor do *buffer* de recepção da estação remota e o *congestion window* o valor de 1 MSS. A estação deve sempre respeitar o limite como o menor valor entre essas duas variáveis.

> **» IMPORTANTE**
> Diferentes implementações do TCP definem valores iniciais e índices de aumento diferentes para o *congestion window*. Existe um valor inicial baseado no tamanho do MSS (pode ser 1× como no texto, ou mesmo 10× o valor do MSS), e este valor é incrementado (em 1×, em 2×, exponencialmente, etc.) de acordo com a implementação.

» Detectando e tratando um congestionamento

Sempre que ocorrer um TIME-OUT com um pacote, ou o recebimento de múltiplos *acknowledgement number* aguardando por um pacote já transmitido, a estação remetente poderá supor que houve um problema de congestionamento e que este pacote foi descartado no seu caminho até o destino.

A ação a ser tomada nessa situação depende da implementação do TCP, pois não existe um algoritmo padrão utilizado por todas as implementações de sistemas operacionais. Além disso, as soluções são constantemente atualizadas.

A retransmissão rápida ocorre caso a estação receba múltiplos *acknowledgement numbers* para um pacote que já enviou. A recepção desses *acknowledgement numbers* significa que a estação remota está aguardando a chegada daquele pacote que já foi enviado (o pacote provavelmente foi perdido). Observe que ainda não ocorreu o TIME-OUT desse pacote.

A estação remetente então, mesmo antes do TIME-OUT, retransmitirá o pacote, tendo em vista a grande probabilidade de ele ter sido perdido.

Sempre que ocorre a retransmissão rápida, a estação entra no modo de recuperação rápida, em que, caso, após a retransmissão, ocorra outro TIME-OUT, o algoritmo de *slow start* é reiniciado com os mesmos valores do início da conexão (*congestion window* = 1 × MSS).

> **» IMPORTANTE**
> As redes modernas e o aumento na qualidade dos enlaces trouxeram maior confiabilidade na comunicação, o que torna mais significativa a probabilidade da ocorrência de um TIME-OUT em uma rede moderna em virtude de um congestionamento.

>> EXEMPLO

Como exemplo, a implementação do algoritmo Tahoe, na detecção de um congestionamento por múltiplos *acknowledgement numbers*, ou na ocorrência de TIME-OUT, diminuirá o tamanho da *congestion window* para 1 MSS e reiniciará o *slow start*.

Outra implementação denominada Reno, na detecção de múltiplos *acknowledgement numbers*, definirá o valor atual da *congestion window* como o limite de transmissão, efetuará uma retransmissão rápida e entrará em uma fase denominada recuperação rápida.

>> Considerações finais sobre o TCP

>> **NO SITE**
Além dos RFCs apontados no texto, consulte o documento disponível em **www.bookman.com.br/tekne** para conhecer as referências dos campos TCP.

Vimos, neste capítulo, os principais controles que o protocolo de transporte TCP realiza. Podemos considerar que, quando utilizamos o TCP em uma aplicação, os dados chegarão corretos e em ordem. Qualquer falha que impossibilite a comunicação poderá ser diagnosticada com a finalização abrupta da conexão.

Também vimos que o TCP está em constante melhoramento e que novos algoritmos e implementações continuam surgindo. Cabe ao profissional de redes de computadores acompanhar a evolução deste protocolo para que possa melhor utilizar e diagnosticar problemas na rede.

REFERÊNCIA

SCHMITT, M. A. R.; PERES, A.; LOUREIRO, C. A. *Redes de computadores:* nível de aplicação e instalação de serviços. Porto Alegre: Bookman, 2013.

LEITURA RECOMENDADA

STEVENS, W. R.; FENNER, B.; RUDOFF, A. M. *Programação de rede UNIX:* API para soquetes de rede. 3. ed. Porto Alegre: Bookman, 2004. v. 1.

» NO SITE
Acesse o ambiente virtual de aprendizagem para fazer as atividades relacionadas ao que foi discutido neste capítulo.

capítulo 4

Controle de tráfego com TCNG

Vimos no capítulo anterior que o protocolo TCP implementa mecanismos de controle de congestionamento em situações de perda de pacotes. Neste capítulo, vamos estudar uma ferramenta chamada TCNG (Traffic Control – Next Generation) que, entre suas funcionalidades, tira proveito desse mecanismo do TCP para controlar a vazão de dados de diferentes aplicações que passam por um roteador Linux. Para os testes, utilizaremos uma ferramenta muito interessante para a medida de vazão de dados em um link. É a ferramenta chamada IPerf. O objetivo deste capítulo é apresentar uma visão inicial de mecanismos para qualidade de serviços em links de Internet por meio de controle de tráfego.

Objetivos deste capítulo

>> Entender a ferramenta TCNG.

>> Realizar uma implementação simples de controle de tráfego.

>> Praticar a instalação e a configuração de roteadores linux.

>> Introdução

O núcleo dos sistemas operacionais Linux possui uma implementação de um mecanismo para controle de tráfego. Neste capítulo, vamos aprender como configurar um controle simples para a manipulação da vazão de dados em conexões TCP utilizando o Linux. O objetivo é fixar o conhecimento sobre os mecanismos de controle de congestionamento do TCP e visualizar como manipular o tráfego da rede.

Para os testes práticos, você precisará de três estações (que podem ser virtuais). Uma será o servidor de aplicação, outra será o cliente e, entre as duas, teremos um roteador Linux. A Figura 4.1 apresenta uma visão desta conexão.

eth0
10.1.0.163/24
(bridge)

eth0
10.1.0.162/24
(bridge)

eth1
192.168.1.1/24
(rede interna)

eth0
192.168.1.2/24
(rede interna)

Servidor
IPerf

Roteador
Linux
(tcng)

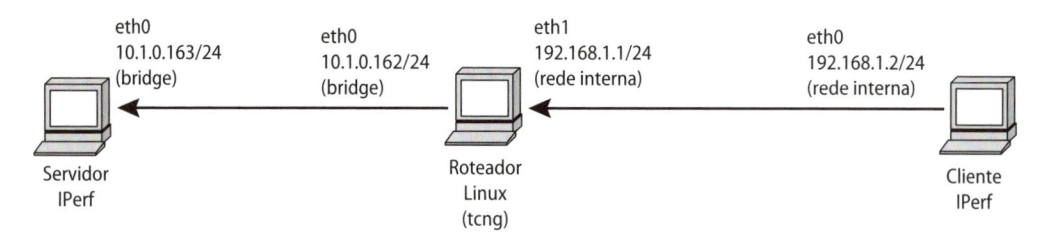

Cliente
IPerf

Figura 4.1 Conexão para testes.
Fonte: Dos autores.

Para criar a rede, foi utilizado o ambiente virtual *Virtual Box*. As três estações foram criadas utilizando o Linux Ubuntu server versão 12.04 LTS.

>> PARA SABER MAIS

A descrição da instalação e a configuração das máquinas virtuais utilizadas nos testes propostos neste capítulo estão de acordo com o primeiro livro desta série (SCHMITT; PERES; LOUREIRO, 2013). Você pode criar as máquinas da maneira que achar mais adequado. Todo o conteúdo para reprodução dos testes está descrito neste capítulo.

A máquina servidor está configurada com uma placa de rede em modo *bridge*. O roteador possui duas placas de rede, uma em modo *bridge* e outra configurada para a rede interna do *Virtual Box*. A máquina cliente possui uma placa de rede na rede interna do *Virtual Box*. Dessa forma, para que a estação cliente possa se comunicar com o servidor, ela terá que, obrigatoriamente, passar pelo roteador Linux. Você deverá criar uma estrutura semelhante para realizar os testes propostos aqui. Você provavelmente terá endereços diferentes nas placas em modo *bridge* e precisará configurar manualmente os endereços da rede interna.

Vamos ver agora como transformar a máquina Linux intermediária em um roteador. Precisamos indicar para a máquina intermediária Linux que ela deverá realizar a operação de roteamento sempre que receber um pacote com endereço IP destino diferente dos atribuídos às suas próprias placas de rede. Para isso, precisamos colocar o caractere "1" em um arquivo de configuração denominado *ip_forward*.

Execute o comando como root:

```
# echo 1 > /proc/sys/net/ipv4/ip_forward
```

Neste momento, a máquina está configurada para ser um roteador. Em seguida, precisamos configurar o NAT (*Network Address Translation*) para que a máquina faça o mascaramento de endereços IP. Isso permite que a máquina interna utilize o endereço IP do roteador sempre que for acessar uma rede externa, o que é necessário para que as máquinas externas saibam para onde deve ser encaminhada a resposta (você verá mais sobre NAT no Capítulo 5). Execute o comando:

```
# iptables -t nat -A POSTROUTING -s 192.168.1.0/24 -j MASQUERADE
```

Esse comando diz para o roteador que ele deverá mascarar todos os pacotes provenientes da rede interna 192.168.1.0/24.

Teste a comunicação entre as estações cliente e servidor após executar os comandos anteriores. Você pode testar com um comando de ICMP Echo (mais conhecido como **ping**). Da máquina 192.168.1.2, execute:

```
# ping 10.1.0.163
PING 10.1.0.163 (10.1.0.163) 56(84) bytes of data.
64 bytes from 10.1.0.163: icmp_req=1 ttl=63 time=1.59 ms
64 bytes from 10.1.0.163: icmp_req=2 ttl=63 time=1.18 ms
64 bytes from 10.1.0.163: icmp_req=3 ttl=63 time=1.07 ms
64 bytes from 10.1.0.163: icmp_req=4 ttl=63 time=0.950 ms
[ctrl +c]
```

Lembre-se de que provavelmente no seu ambiente o IP 10.1.0.163 é diferente.

Agora vamos instalar no cliente e no servidor a aplicação que utilizaremos para a medida da vazão de dados. Em ambas as estações, digite como root:

```
# apt-get install iperf
```

Esse comando instalará o software *iperf* nas estações. Esse software funciona como um medidor de vazão de dados (bps) entre cliente e servidor. O cliente gera uma grande quantidade de dados (um tamanho fixo pode ser configurável, ou um tamanho variável pode ser utilizado por padrão, de acordo com o link) e os envia ao servidor com a maior vazão possível. Ao final do teste, é apresentado um relatório contendo (por padrão) a quantidade de dados enviados e a vazão obtida.

> » **IMPORTANTE**
> Não serão abordados neste capítulo outros conceitos, aspectos de segurança nem detalhes da teoria de NAT, ou QoS.

> » **DICA**
> Os comandos de alteração do *ip_forward* e de mascaramento via *iptables* são efêmeros e não serão executados automaticamente ao reiniciar a estação. Para ter um roteador que mantém estas funcionalidades após um *reboot*, crie um *script* para isso e adicione-o na lista de *scripts* de *boot*. Pesquise sobre como construir *scripts* e sobre o comando *update-rc.d*

Para testar a vazão sem interferência de controle de tráfego, execute o seguinte comando da estação servidor:

```
# iperf -s
------------------------------------------------------------
Server listening on TCP port 5001
TCP window size: 85.3 KByte (default)
------------------------------------------------------------
```

Neste momento, o servidor está aguardando a conexão do cliente na porta TCP 5001 (padrão). No cliente, execute o comando:

```
# iperf -c 10.1.0.163
------------------------------------------------------------
Client connecting to 10.1.0.163, TCP port 5001
TCP window size: 21.0 KByte (default)
------------------------------------------------------------
[  3] local 192.168.1.2 port 48536 connected with 10.1.0.163 port 5001
[ ID] Interval       Transfer     Bandwidth
[  3] 0.0-10.0 sec    304 MBytes   255 Mbits/sec
```

Altere o IP para o do seu servidor. Nesse caso, podemos ver que a vazão média de 255 Mbps foi alcançada e foram transmitidos 304 MB de dados.

Estamos lidando com uma rede entre máquinas virtuais, por isso a vazão tão grande. Você pode utilizar o IPerf para testar qualquer tipo de link, só não esqueça que é necessário um cliente em uma ponta do link e um servidor em outra.

Vamos agora criar regras de controle de tráfego no roteador utilizando o tcng. Para isso, crie um arquivo shaping.tc e insira o seguinte código:

```
#define INTERFACE eth0
dev INTERFACE {
    egress {
        /* definicoes das classes */
        class ( <$ssh> )    if tcp_sport == 22;
        class ( <$iperf> )  if tcp_dport == 5001;
        class ( <$other> )  if 1 ;
        /* configuracoes de qos */
        htb () {
            class ( rate 1Gbps, ceil 1Gbps ) {
                $ssh = class ( rate 1Mbps, ceil 1.5Mbps ) { htb; } ;
                $iperf = class ( rate 1Mbps, ceil 2Mbps ) { htb; } ;
                $other = class ( rate 128kbps, ceil 1Gbps ) { htb; } ;
            }
        }
    }
}
```

> **DICA**
> Tenha em mente também que será gerado um tráfego bastante significativo, provavelmente prejudicando as demais comunicações que estiverem utilizando o link no momento do teste.

Analisando o conteúdo do arquivo, vemos, na primeira linha, que estamos definindo uma constante INTERFACE que recebe o valor eth0. Em seguida, temos a definição do dispositivo (*device*) ao qual serão aplicadas as regras de controle (nesse caso, as regras serão aplicadas na interface eth0).

As regras de controle podem ser aplicadas em dois momentos distintos: quando um pacote é recebido pela estação, ou seja, no ingresso do pacote, e quando ele está saindo da estação.

Pense em um roteador conectado na rede interna e na Internet e imagine que você queira criar regras para o uso do link de Internet. Esse roteador pouco pode fazer para economizar o link de download, tendo em vista que o tráfego é simplesmente recebido por ele da internet. O trafego de upload, por outro lado, pode ser controlado analisando os pacotes que chegam da rede interna em direção à internet, classificando e tratando-os de forma que o uso do upload seja mais adequado.

Existem dois tipos de condicionadores de tráfego: *policing* e *shaping*.

No *policing*, o roteador descarta pacotes de acordo com as regras de QoS, forçando o mecanismo de controle de congestionamento do TCP a entrar em ação e diminuindo a quantidade de bytes enviados por vez via *congestion window*. Nesse caso, as regras são aplicadas tanto no ingresso dos pacotes quanto na saída, pois é basicamente um descarte de pacotes para forçar um TIME-OUT.

No *shaping*, o roteador cria *buffers* de memória e tenta atrasar a passagem de pacotes de acordo com as regras de QoS. Este atraso só pode ser feito por pacotes que estão saindo da placa de rede, e não por pacotes que estão chegando via rede. Quando a fila de pacotes não tem mais capacidade de receber dados, os pacotes são descartados, forçando o TCP a realizar o controle de congestionamento.

Vemos, no arquivo criado, que as regras são aplicadas na saída (*egress*) dos pacotes da placa eth0. Isso significa que, no nosso teste, os pacotes que saem do cliente em direção ao servidor serão controlados.

Em seguida, temos a definição de subclasses de tráfego (a linha entre "/*" e "*/" é um comentário e não é interpretada pelo controle de tráfego). Para esse exemplo, foram criadas três subclasses. Uma primeira subclasse é a de conexões TCP com porta de origem 22, ou seja, conexões iniciadas por estações remotas que possuem como destino qualquer estação interna (já que não foi especificado um endereço IP) no serviço de terminal remoto ssh.

A segunda subclasse refere-se a pacotes saindo da placa eth0 contendo como porta de destino o valor 5001 (porta padrão do IPerf). E a terceira subclasse refere-se a todo o restante do tráfego que está saindo pela interface eth0 e não foi classificado anteriormente. O controle tratará essa terceira subclasse de maneira homogênea (independentemente de porta, endereço IP, etc.).

Agora que temos nossas subclasses definidas, vamos analisar como funciona o condicionamento do tráfego.

> » **DEFINIÇÃO**
> O momento da chegada do pacote é denominado *ingress*. Quando realizamos *traffic shaping*, pouco se pode controlar no ingresso de um pacote, pois ele já foi recebido. O que se pode fazer é a filtragem deste pacote (rejeição dele) ou sua classificação. O momento da saída de um pacote é denominado *egress* e é quando o maior conjunto de regras pode ser aplicado no *traffic shaping*.

> » **IMPORTANTE**
> Neste capítulo, estamos vendo um exemplo de *shaping*.

> » **IMPORTANTE**
> Se um pacote estiver saindo pela placa eth0, ou seja, da rede interna do *Virtual Box* para a rede local (que representa a Internet) e possuir como porta de origem o valor 22, será enquadrado na primeira subclasse.

Voltando a imaginar um roteador conectado na nossa rede interna e na Internet, vamos considerar que o link de Internet é de 10 Mbps. Sabemos que o link de Internet é serial e que somente um bit sai pelo roteador por vez utilizando sempre a velocidade máxima de 10 Mbps. Como então diminuir ou controlar o tráfego? Se temos duas conexões idênticas utilizando esse link, ele será utilizado a toda capacidade durante um período de tempo pela conexão 1 e por outro período igual pela conexão 2, dando a impressão de duas conexões a 5 Mbps.

Vamos utilizar como exemplo o próprio mecanismo que estamos construindo. Após a definição das subclasses, temos o controle que deverá ser aplicado a elas. A primeira definição feita é a da utilização de htb (*Hierarchical Token Bucket*). O htb define um mecanismo para disciplinar filas de pacotes de acordo com regras de uso.

Para entendermos o algoritmo de htb, imagine um balde que armazena fichas. Cada subclasse de tráfego criada possui seu próprio balde. No início, o balde está vazio (sem fichas). As fichas são colocadas em intervalos de tempo definidos, uma a uma. O roteador só pode transmitir os pacotes de uma subclasse quando o balde estiver cheio de fichas. Assim que o balde estiver completo de fichas, ele inicia a transmissão dos pacotes.

Conforme os pacotes são transmitidos, as fichas vão sendo retiradas do balde, até que fique vazio novamente. Nesse momento, o tráfego para e os pacotes começam a acumular na fila, aguardando que o balde fique cheio novamente.

A velocidade com que o balde enche depende de seu tamanho e da frequência com que as fichas são colocadas. Se a frequência da entrada de fichas for alta, os pacotes serão transmitidos sem demora. Se o balde for grande, muitos pacotes serão transmitidos por vez, mas o balde demorará mais para encher.

Imagine então que o link de Internet será utilizado em sua capacidade máxima por uma subclasse específica de tráfego apenas pelo período de tempo definido pelo tamanho do seu balde, na frequência definida pela velocidade com que as fichas são colocadas no balde. Depois disso, as demais subclasses utilizarão o link, uma por vez, de acordo com seus próprios baldes.

Por sorte, não precisamos definir tamanho de balde ou frequência de fichas, mas apenas dados envolvendo a vazão. No arquivo que estamos construindo, depois da definição da utilização de htb, temos a definição da classe especial denominada classe *root*. A classe *root* representa o link e possui as subclasses que usaremos.

A classe *root* no arquivo possui *rate* de 1 Gbps e *ceil* de 1 Gbps. Essa é a definição do nosso link externo em sua capacidade máxima. No algoritmo htb, *rate* significa a vazão garantida para aquela classe, e *ceil* é o "teto" no qual a classe pode chegar se nenhuma outra classe estiver utilizando o link. No caso da classe *root*, definimos os dois valores com 1 Gbps (capacidade máxima do link).

> » **DICA**
> Não esqueça que a vazão medida em bps é uma *média*.

Em seguida, são definidas as regras da subclasse ssh, com *rate* = 1 Mbps e *ceil* = 1.5 Mbps, ou seja, as conexões da classe ssh terão uma vazão garantida de 1 Mbps e, caso sobre link, será permitido que essa subclasse chegue até, no máximo, 1.5 Mbps.

A subclasse iperf possui *rate* de 1 Mbps e *ceil* de 2 Mbps, e a última subclasse com todo o restante do tráfego possui 128 Kbps de vazão garantida, mas pode utilizar toda a capacidade do link se não houver outro tipo de tráfego.

A fim de aplicar essas regras no roteador, precisamos realizar uma espécie de compilação executando o seguinte comando no roteador:

```
# tcng -r shaping.tc > shaping.sh
```

Esse comando gera um arquivo chamado "shaping.sh", que é um *script* para a aplicação das regras no roteador. Para aplicar as regras, precisamos transformar o *script* em executável e executá-lo. Para isso, digite no roteador:

```
# chmod 700 shaping.sh
# ./shaping.sh
```

Execute novamente o iperf e verifique a vazão final. O resultado deve ser similar a:

```
# iperf -c 10.1.0.163
------------------------------------------------------------
Client connecting to 10.1.0.163, TCP port 5001
TCP window size: 21.0 KByte (default)
------------------------------------------------------------
[ 3] local 192.168.1.2 port 48542 connected with 10.1.0.163 port 5001
[ID] Interval       Transfer     Bandwidth
[ 3] 0.0-10.2 sec   2.75 MBytes  2.27 Mbits/sec
```

Limitou-se o tráfego, que antes tinha uma vazão de 255 Mbps, para 2.27 Mbps, conforme as regras de QoS que foram definidas (observe que, nesse caso, foi utilizado o link até o *ceil* da subclasse).

A fim de ver as políticas de controle de tráfego ativas, digite:

```
# tc qdisc show dev eth0
qdisc dsmark 1: root refcnt 2 indices 0x0004 default_index 0x0000
qdisc htb 2: parent 1: r2q 10 default 0 direct_packets_stat 0
qdisc htb 3: parent 2:2 r2q 10 default 0 direct_packets_stat 119
qdisc htb 4: parent 2:3 r2q 10 default 0 direct_packets_stat 1996
qdisc htb 5: parent 2:4 r2q 10 default 0 direct_packets_stat 2
```

Esse comando apresenta a classe *root* e as subclasses criadas (no exemplo anterior, 2:2, 2:3 e 2:4). Para apagar as regras e voltar ao funcionamento normal do roteador, digite:

```
# tc qdisc del dev eth0 root
```

> **» DICA**
> Pesquise na web sobre o tcng e os parâmetros do comando tc e faça testes na estrutura que você criou. Crie regras para diferentes tipos de tráfego, Limite a vazão do ftp ou do download de arquivos p2p, controle aplicações de multimídia, enfim, teste as possibilidades de utilização do tcng. Com certeza, este conhecimento será muito útil.

> **» NO SITE**
> Acesse o ambiente virtual de aprendizagem para fazer as atividades relacionadas ao que foi discutido neste capítulo.

Este capítulo mostrou apenas um exemplo de utilização do tcng para *traffic shaping*. Estude o tcng e todas as alternativas de configuração, além de outras soluções de QoS.

> ### LEITURAS RECOMENDADAS
>
> LINUX ADVANCED ROUTING AND TRAFFIC CONTROL. [*Site*]. [S.l.]: LARTC, 2012. Disponível em: <http://lartc.org/>. Acesso em: 19 set. 2013.
>
> SCHMITT, M. A. R.; PERES, A.; LOUREIRO, C. A. *Redes de computadores*: nível de aplicação e instalação de serviços. Porto Alegre: Bookman, 2013.
>
> TRAFFIC CONTROL NEXT GENERATION. [*Site*]. [S.l.]: TCNG, 2004. Disponível em: <http://tcng.sourceforge.net/>. Acesso em: 19 set. 2013.

capítulo 5

Protocolo IPv4

A Internet é uma rede mundial que interconecta equipamentos dos mais diferentes tipos: computadores pessoais, servidores, telefones celulares, videogames, tablets, e-books, etc. A camada de rede permite que dispositivos separados por milhares de quilômetros e por dezenas de sub-redes possam trocar pacotes. Neste capítulo, você estudará como funciona o protocolo utilizado para viabilizar essa comunicação.

Objetivos deste capítulo

» Compreender como funciona o protocolo IPv4.

» Organizar o endereçamento IP em uma rede de computadores.

» Identificar os protocolos auxiliares da camada de rede.

>> Introdução

> **>> IMPORTANTE**
> Dizemos que a camada de rede é responsável pelo roteamento. Como, em geral, usamos os termos **pacote** para denominar aquilo que trafega pela rede e **roteamento** para a escolha do melhor caminho, afirmamos que a função do protocolo IP é fazer o roteamento dos pacotes. É esse protocolo que permite que dois computadores presentes em redes distantes, separados por milhares de quilômetros e por diversos equipamentos, estabeleçam uma conexão.

Como já tratado no Capítulo 2 do primeiro livro desta série (SCHMITT; PERES; LOUREIRO, 2013), IP (Internet Protocol) é o nome do principal protocolo da camada de rede utilizado nos dias atuais. Todos os computadores ligados à Internet apresentam uma implementação desse protocolo em seus sistemas operacionais. A principal função do protocolo IP é permitir que um pacote trafegue pela grande rede mundial de computadores, chegando em um equipamento localizado em uma rede distinta daquela onde está a máquina que o originou.

Para exemplificar a necessidade de escolher caminhos para a entrega dos pacotes na Internet, vamos pegar um pequeno pedaço da grande rede mundial. A Figura 5.1 mostra um esquema do *backbone* (espinha dorsal/parte principal) da rede da RNP (Rede Nacional de Pesquisa). A RNP é um provedor de acesso para universidades e centros de pesquisa que está presente em todos os estados brasileiros. No mapa de tráfego extraído do site da RNP, vemos que há mais de um caminho para clientes de Porto Alegre acessarem servidores em São Paulo. É possível passar por Santa Catarina ou pelo Paraná. Se um usuário de Porto Alegre tentar conectar-se com um equipamento localizado no Pará, as alternativas são mais diversas ainda. Basta levar em conta que a RNP é apenas um dos provedores de acesso disponíveis em um dos países que compõem a Internet para perceber que há um número muito grande de redes, interligadas das mais diferentes formas, produzindo múltiplos caminhos entre dois pontos.

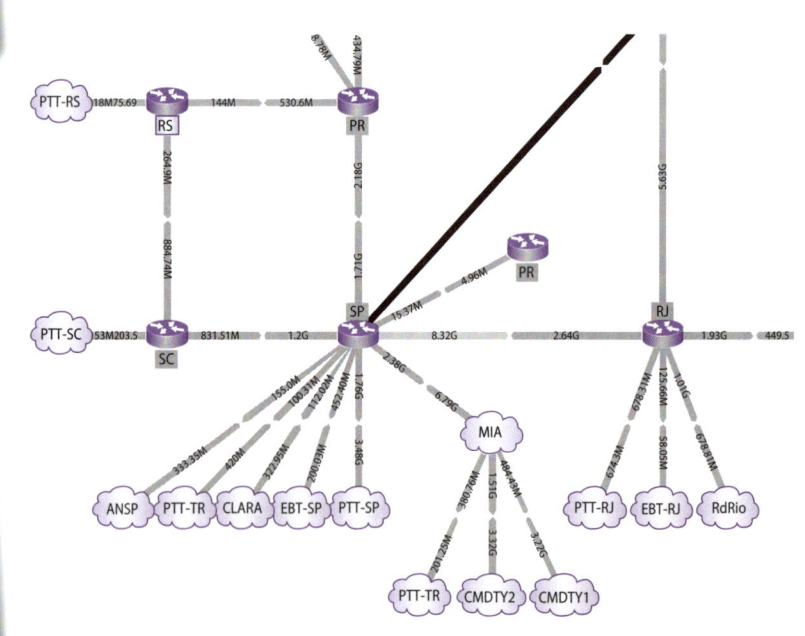

> **>> DEFINIÇÃO**
> Roteadores são equipamentos que determinam a melhor rota para um determinado destino. Esses equipamentos interconectam as diversas redes que formam a Internet.

Figura 5.1 Tráfego do *backbone* da RNP.
Fonte: Rede Nacional de Ensino e Pesquisa (2013).

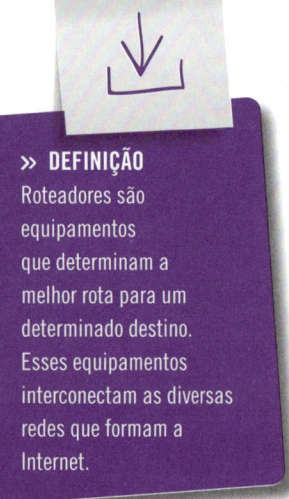

> **» PARA SABER MAIS**
>
> Atualmente, há duas versões do protocolo IP em uso: IPv4 e IPv6. A versão mais utilizada ainda é a 4. Você pode aprender sobre a versão IPv6 no Capítulo 6 deste livro.

No restante deste capítulo, utilizaremos o termo IP para referenciar o protocolo IPv4. Normalmente, os textos utilizam as siglas IP para identificar a versão 4 e a sigla IPv6 para identificar a versão 6.

» O protocolo IP

Embora os profissionais de TI (tecnologia da informação) utilizem corriqueiramente a palavra pacote para fazer referência às mensagens que trafegam na rede, a unidade de dados manipulada pelo protocolo IP é denominada de **datagrama**, visto que esse é um protocolo não orientado à conexão. Para uma melhor compreensão do protocolo IP, é preciso estudar dois conceitos básicos: o formato do datagrama e o esquema de endereçamento utilizado.

» Formato do datagrama IP

Um datagrama IP é formado por duas partes: um cabeçalho e os dados passados pela camada de transporte. Como visto no primeiro livro desta coleção (SCHMITT; PERES; LOUREIRO, 2013), uma arquitetura de redes de computadores estruturada em camadas independentes permite desconsiderar os dados da camada de transporte ao estudarmos o nível de rede. Por isso, interessa-nos, neste capítulo, apenas o cabeçalho do datagrama IP. A Figura 5.2 apresenta o formato do cabeçalho do datagrama IP.

> **DICA**
>
> Um profissional de redes não precisa memorizar cada um dos campos de um protocolo. Você não deve tentar decorar os diversos parâmetros que o datagrama IP apresenta, mas o estudo lhe permitirá compreender melhor o funcionamento do protocolo.

0	4	8	16	31
VER 4 bits	HLEN 4 bits	Tipo de serviço 8 bits	Comprimento total 16 bits	
Identificação 16 bits			Marcadores 3 bits	Deslocamento do fragmento 13 bits
TTL 8 bits		Protocolo 8 bits	Soma de verificação do cabeçalho 16 bits	
Endereço IP de origem (32 bits)				
Endereço IP de destino (32 bits)				
Opções + preenchimento (0 para 40 bytes)				

Figura 5.2 Cabeçalho do protocolo IP.
Fonte: Forouzan e Mosharraf (2013).

O Quadro 5.1 resume as funções da cada um dos campos apresentados na Figura 5.2.

Quadro 5.1 » Resumo das funções dos campos do cabeçalho do protocolo IP

Nome do campo (nº de bits)	Função
Versão (4 bits)	Indica a versão do protocolo.
HLEN – Header Length (4 bits)	Corresponde ao tamanho do cabeçalho em número de blocos de 32 bits (4 bytes). O menor valor possível é 5, e o maior é 15. Esses valores correspondem, respectivamente, a 20 e 60 bytes.
Tipo de serviço (6 bits)	Indica a classe de serviço provida pelo datagrama. Existem várias combinações possíveis para garantir uma comunicação mais confiável ou mais rápida. Veja uma explicação detalhada na seção "Tipo de serviço (TOS)".
Comprimento total (16 bits)	Armazena o tamanho completo do datagrama (cabeçalho e dados). Permite um tamanho máximo de 65.535 bytes em um datagrama IP.
Identificação (16 bits)	Permite identificar a que datagrama pertence um determinado fragmento. Todos os fragmentos de um datagrama apresentam o mesmo identificador. Veja a explicação detalhada na seção "Fragmentação".

(Continua)

Quadro 5.1 » **Resumo das funções dos campos do cabeçalho do protocolo IP** (*continuação*)

Nome do campo (nº de bits)	Função
Marcadores DF – *Don't fragment* (1 bit)	Proíbe a fragmentação de um datagrama por qualquer roteador do caminho.
Marcadores MF – *More fragments* (1 bit)	Em um datagrama fragmentado, indica que não corresponde ao último fragmento.
Deslocamento do fragmento (13 bits)	Em uma transmissão fragmentada, indica a posição para a recomposição do datagrama original.
TTL – *Time to Live* (8 bits)	Utilizado para limitar o tempo de vida de um datagrama na rede. Deveria corresponder ao tempo de vida em segundos a ser descontado em cada roteador, com um valor máximo de 255 segundos. Na prática, apenas conta o número de *hops* (equipamentos) pelos quais o datagrama passa. Quando chega a zero, o pacote é descartado e uma mensagem de notificação é enviada ao equipamento de origem do datagrama.
Protocolo (8 bits)	Identifica o protocolo da camada de transporte que está utilizando o serviço de rede (TCP ou UDP, por exemplo).
Soma de verificação do cabeçalho (16 bits)	Utilizado para a descoberta de erros no cabeçalho do datagrama.
Endereço de origem (32 bits)	Armazena o endereço IP do equipamento que originou o datagrama.
Endereço de destino (32 bits)	Armazena o endereço IP do equipamento que receberá o datagrama.
Opções (até 40 bytes)	Permite o acréscimo de novas funcionalidades ao protocolo. Por essa razão, apresenta tamanho variável.

Fonte: Dos autores.

» Tipo de serviço (TOS)

Ao longo do tempo, o significado dos campos que marcam o tipo de serviço modificou-se, e a maior parte dos roteadores ignora esses significados. O Quadro 5.2 apresenta o significado original.

Quadro 5.2 » Significado original do campo TOS (Tipo de serviço)

Campo	Significado
Precedência (3 bits)	Indica a precedência do datagrama em uma numeração que vai de 0 a 7, sendo o maior valor mais prioritário.
D - *delay* (1 bit)	Indica ao roteador que o parâmetro mais importante para a escolha de rotas é o atraso.
T - *throughput* (1 bit)	Indica ao roteador que o parâmetro mais importante para a escolha de rotas é a vazão.
R - *reliability* (1 bit)	Indica ao roteador que o parâmetro mais importante para a escolha de rotas é a confiabilidade.

Fonte: Dos autores.

Uma transmissão poderia ter o campo TOS configurado para utilizar um serviço em que a confiabilidade e o atraso são importantes, mas não a vazão. A verdade é que pouco uso se fez dessa funcionalidade.

Atualmente, os campos reservados para a classificação dos serviços utilizam os conceitos de serviços diferenciados (DiffServ - RFC 2474) e de notificação de congestionamento explícita (ECN - RFC 3168).

Enquanto a ECN permite que ocorra a notificação de congestionamento sem perda de datagramas, o DiffServ corresponde a um serviço de qualidade baseado em classes. Cada classe de serviço apresenta regras de encaminhamento de datagrama (*forwarding rules*). No protocolo IP, são reservados 6 bits para a definição das classes de serviço.

» PARA SABER MAIS

Um determinado provedor de acesso poderia prover serviços de diferentes classes para diferentes clientes. Os datagramas desses clientes seriam marcados com o serviço correspondente. Você pode encontrar a definição de alguns serviços básicos nas RFCs 4594, 3246 e 3260, dentre outras. Por exemplo:

- *Default PHB* - serviço padrão.
- *Expedited Forwarding* - serviço com pouco atraso, pouca perda e pouca variação.
- *Assured Forwarding* - serviço que garante a entrega em condições determinadas de tráfego.

» Fragmentação

A camada de rede é responsável por dividir um datagrama quando recebe algo da camada de transporte maior do que pode ser transmitido pela camada de enlace. Essa divisão é chamada de fragmentação. Outra situação que pode demandar fragmentação é a conexão de um roteador a enlaces de tipos diferentes com tamanhos máximos de quadro diferentes. Ao receber um datagrama do meio que suporta um quadro maior, a camada de rede terá de quebrá-lo em vários fragmentos.

A fragmentação de um datagrama IP é ilustrada na Figura 5.3.

> » **IMPORTANTE**
> Utiliza-se a sigla MTU (*Maximum Transmission Unit*) para indicar o tamanho máximo de um datagrama em uma rede. O MTU mais usual é de 1500 bytes, já que as redes ethernet atuais suportam esse tamanho.

Início do cabeçalho	MF	Deslocamento	Fim do cabeçalho	Dados
	0	0		4000 bytes

Fragmentação

Início do cabeçalho	MF	Deslocamento	Fim do cabeçalho	Dados
	1	0		1480 bytes
	1	185		1480 bytes
	0	370		1040 bytes

Figura 5.3 Exemplo de fragmentação de datagrama.
Fonte: Dos autores.

O exemplo da Figura 5.3 considera que:

1. A camada de transporte passou para a camada de rede 4000 bytes, que formaria um datagrama de 4020 bytes.
2. O tamanho máximo do datagrama (MTU) é de 1500 bytes, por isso é necessário quebrar o datagrama originalmente formado.
3. Como o cabeçalho IP ocupa 20 bytes, não é possível transportar mais do que 1480 bytes de dados em cada fragmento.
4. Para compreender os valores utilizados no deslocamento (campo que posiciona cada fragmento na ordem correta), você deve considerar que essa informação corresponde a blocos de 8 bytes. Dessa forma, o valor 185 significa que o fragmento inicia no byte de número 1480.

Levando em consideração as premissas elencadas, o primeiro fragmento transfere 1480 bytes, registra um deslocamento igual a 0 e o bit MF apresenta o valor 1 a fim de sinalizar que esse não é o último fragmento do datagrama. O segundo fragmento é semelhante ao primeiro, mas indica que o fragmento deve ser deslocado 185 blocos de 8 bytes, isto é, 1480 bytes. O terceiro fragmento apresenta deslocamento de 370 blocos de 8 bytes, isto é, 2960 bytes. Esse terceiro fragmento, por ser o último, terá o bit MF com valor 0 e apresentará apenas 1040 bytes de dados. O datagrama original poderá ser recomposto a partir dos três fragmentos, uma vez que é possível determinar o posicionamento de cada um.

> **NO SITE**
> Você pode conhecer a lista completa de extensões no protocolo no ambiente virtual de aprendizagem.

❯❯ Opções

O cabeçalho do protocolo IP apresenta um campo chamado **opções**, o qual possui tamanho variável. Isso permite que extensões ao protocolo sejam criadas mais facilmente.

Um exemplo é a opção denominada *strict source route*. Ao utilizá-la, é possível determinar a rota completa que o datagrama deve seguir para chegar ao destino.

❯❯ Os endereços IP

Um aspecto fundamental no estudo do protocolo IP é a organização dos endereços. Da mesma forma que uma carta só chega ao destinatário porque contém um endereço, também um pacote só chega ao destino final por causa do endereço IP. Para compreender a lógica por trás da entrega de pacotes na Internet, você tem de compreender como funciona o endereçamento da camada de rede.

Um endereço IPv4 corresponde a um número de 32 bits. No Capítulo 6, você verá que, no IPv6, são utilizados mais bits. Esse número é organizado em quatro partes chamadas **octetos**, que recebem esse nome porque cada parte apresenta oito bits. Esses octetos são escritos como números decimais separados por pontos.

❯❯ EXEMPLO

Exemplo de endereço IP

Endereço – 200.132.53.166

- Primeiro octeto – 200
- Segundo octeto – 132
- Terceiro octeto – 53
- Quarto octeto - 166

Na Internet, uma máquina sempre pertence a uma rede. Normalmente, um notebook ou um computador de mesa pertencem a uma rede local (que pode ser a rede local de uma empresa ou de uma casa).

O conceito exato de rede local será tratado no terceiro volume dessa obra, mas vamos simplificar e considerar que uma rede local é uma rede com um distância limitada, de propriedade de uma instituição ou de uma pessoa, formada por vários computadores interconectados por *hubs*, *switches* e *access points* (*switches* para redes sem fio).

Se você tem em casa uma rede sem fio que se conecta no provedor de TV a cabo ou no provedor de serviço ADSL, você tem uma pequena rede local. A Figura 5.4 mostra como é a Internet desse ponto de vista: várias redes locais (LANs) interconectadas por outras redes de longa distância (WANs). Os roteadores fazem a interconexão entre as diferentes redes.

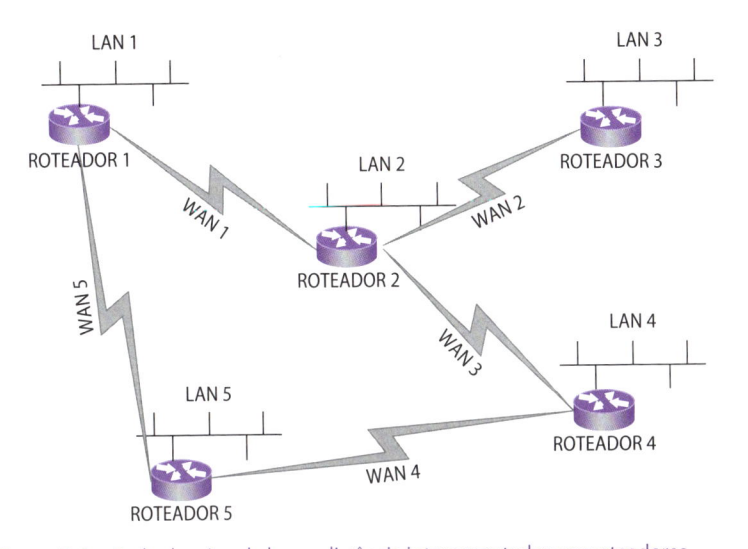

Figura 5.4 Redes locais e de longa distância interconectadas por roteadores.
Fonte: Dos autores.

> **» IMPORTANTE**
> Se cada octeto é formado por oito bits, então o número máximo que pode ser representado, em decimal, é 255. Assim, não pode existir um número IP com algum octeto com valor maior do que 255. Dessa forma, o endereço 200.132.53.289 não existe, já que 289 é maior do que 255 e ocuparia mais de oito bits.

> **» PARA SABER MAIS**
>
> As redes de computadores são classificadas no que diz respeito à distância nas seguintes categorias:
>
> - LAN – *Local Area Network*
> - WAN – *Wide Area Network*
> - MAN – *Metropolitan Area Network*
> - PAN – *Personal Area Network*

No Capítulo 7, ao abordarmos as questões de roteamento, você compreenderá melhor a organização dos endereços nas redes que formam a Internet. O importante agora é que você perceba que um computador sempre estará ligado a, pelo menos, uma rede. Além disso, cada placa de rede conectada à Internet possui um número IP exclusivo. É esse número que identifica de forma única cada placa em relação a todos os outros equipamentos da Internet.

Ao enviar um datagrama IP, a camada de rede do computador origem precisa saber se o destino corresponde a um equipamento da sua própria rede ou se está mais distante. Essa informação é necessária porque, no primeiro caso, basta descobrir o endereço da camada de enlace do destino e enviar o datagrama. Já no segundo caso, o datagrama deve ser enviado para o equipamento que liga a rede local à Internet. Esse equipamento é comumente chamado de *gateway default* ou *roteador*. Alguns autores diferenciam esses nomes, mas você ainda não precisa fazer isso. A Figura 5.5 ilustra a lógica descrita neste parágrafo e que está implementada em qualquer dispositivo de uma rede TCP/IP.

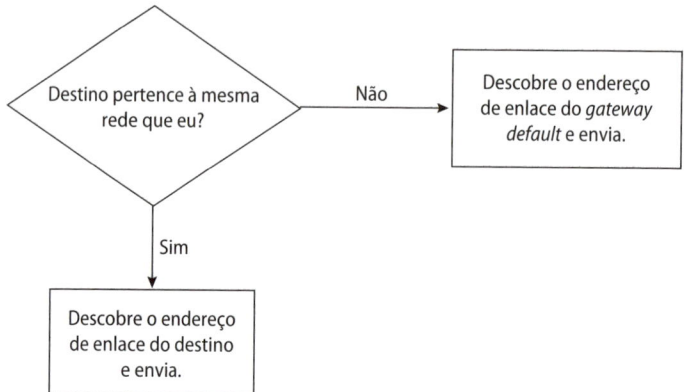

Figura 5.5 Lógica implementada por equipamentos que enviam datagramas.
Fonte: Dos autores.

> **IMPORTANTE**
> Existem três regras de ouro no endereçamento das máquinas que compõem a internet:
> - Um endereço IP só pode ser utilizado por uma placa de rede.
> - Duas interfaces de rede que compartilhem o mesmo enlace (a mesma rede local ou a mesma rede de longa distância) precisam pertencer à mesma rede IP, isto é, devem ter endereços IP com a mesma identificação de rede.
> - A mesma identificação de rede não pode ser utilizada em mais de um enlace.

Como você deve ter percebido, de alguma forma os equipamentos da Internet têm de conseguir identificar qual é a sua rede e quais outros dispositivos pertencem a essa mesma rede, isto é, quem são seus vizinhos. Isso é feito por meio do endereço IP. Da mesma forma que você sabe se alguém mora na sua rua simplesmente pela comparação de endereços, pelo endereço IP é possível saber se dois computadores são vizinhos. Um endereço IP é dividido em duas partes: a identificação da rede e a identificação do equipamento dentro dessa rede. A identificação da rede sempre será a parte mais à esquerda do endereço, e a identificação do equipamento, a parte mais à direita.

» As classes de endereços

A primeira forma de saber qual pedaço do endereço IP identifica a rede e qual identifica o equipamento dentro dela é por meio das suas classes. As classes constituem-se em uma divisão inicial que foi realizada antes de se perceber a dimensão que a Internet atingiria. Os responsáveis pela estrutura imaginaram que haveria poucas redes com muitas máquinas, e muitas redes com poucas máquinas. Por isso, foram definidas cinco classes de redes. Vamos nos ater, inicialmente, às três primeiras classes, que são de uso geral: A, B e C. O Quadro 5.3 apresenta as características dessas três classes de endereços.

Quadro 5.3 » Características das redes classes A, B e C

Classe	Primeiros bits	Número de octetos que identificam a rede	Redes existentes	Número de redes disponíveis	Número de endereços por rede
A	0	1	1.0.0.0 – 127.0.0.0	127	16.777.216 (256^3)
B	10	2	128.1.0.0 – 191.255.0.0	16.320 (64×256)	65.536 (256^2)
C	110	3	192.0.0.0 – 223.255.255.0	2.097.152 ($32 \times 256 \times 256$)	256

Fonte: Dos autores.

Observando o Quadro 5.3, constatamos que há poucas redes classe A, mas que elas permitem a existência de muitos equipamentos. Já as redes classe C são exatamente o oposto, apresentando-se em grande quantidade, mas possuindo poucos endereços para os dispositivos. As redes classe B são uma alternativa intermediária. Os números de redes efetivamente disponíveis e de endereços de equipamentos viáveis é um pouco menor do que o limite teórico apresentado na tabela. A distinção entre as diversas classes é feita por meio dos primeiros bits do primeiro octeto.

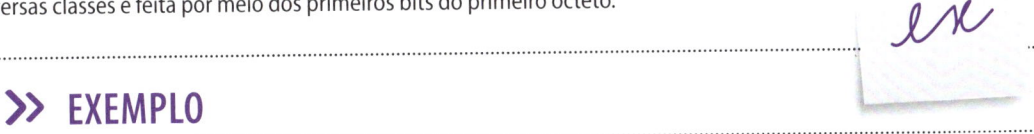

> **» EXEMPLO**
>
> Se considerarmos apenas as classes originalmente definidas, podemos dizer que uma máquina cujo endereço é 143.54.1.1 pertence à rede 143.54. Esse é um endereço classe B, já que 143 inicia pelos bits 10.

» Máscaras

A divisão simples em classes não é suficiente para que a Internet funcione corretamente nos dias atuais. Isso porque pode ser necessário subdividir redes ou mesmo agrupá-las em supergrupos. Uma instituição pequena pode precisar de apenas seis endereços, por exemplo. Já uma instituição média pode precisar de quatro redes classe C. Essas questões serão mais profundamente abordadas no capítulo sobre roteamento (Capítulo 7), mas é importante que você saiba que há a necessidade de indicar quantos bits de um determinado endereço identificam a rede à qual ele pertence, independentemente da classe.

Existem duas notações para a representação de máscaras: a notação decimal e a notação por número de bits. A notação decimal é formada por quatro octetos semelhantes ao número IP. Esse tipo de máscara indicará o pedaço do endereço IP que identifica a rede pelos bits que corresponderem ao valor binário 1. Assim, uma máscara decimal padrão de um endereço classe A corresponderá a 255.0.0.0. Essa máscara indica que apenas os bits do primeiro octeto identificam a rede.

» PARA SABER MAIS

Embora as máscaras sejam sempre escritas com números decimais, se você escrevê-las em binário compreenderá melhor. Veja, a seguir, as máscaras das três classes de endereço estudadas até aqui, em binário e em decimal.

- Classe A – 1111 1111 . 0000 0000 . 0000 0000 . 0000 0000 => 255.0.0.0
- Classe B – 1111 1111 . 1111 1111 . 0000 0000 . 0000 0000 => 255.255.0.0
- Classe C – 1111 1111 . 1111 1111 . 1111 1111 . 0000 0000 => 255.255.255.0

Tudo o que está ligado na máscara corresponde à identificação de rede no endereço.

A notação por número de bits é mais curta. Nesse caso, utiliza-se apenas um número decimal antecedido de "/" para indicar quantos bits identificam a rede em um determinado endereço. Um endereço classe A é um /8, um classe B é um /16 e um classe C é um /24. A máscara 255.255.255.192 pode ser representada pela notação /26.

» IMPORTANTE

A identificação de uma rede não precisa limitar-se a um, dois ou três octetos. É possível que uma rede seja identificada pelos três primeiros octetos e mais dois bits do último octeto. Nesse caso, a máscara seria:

- 1111 1111 . 1111 1111 . 1111 1111 . 1100 0000 → 255.255.255.192

» Tipos de endereços

Os endereços IP são comumente classificados em endereços *unicast*, *multicast* e *broadcast*. Acrescentamos nessa classificação os chamados **endereços de rede**.

Endereços do tipo *unicast* são aqueles que identificam uma única placa de rede. Sempre que uma mensagem é enviada para um único computador, o endereço de destino será um endereço *unicast*.

Endereços do tipo *broadcast* são endereços que identificam todos os equipamentos de uma rede. Isso é importante para o envio de datagramas para todas as estações de um determinado enlace. O endereço de *broadcast* de uma rede será sempre o último disponível nela. Por exemplo, em uma rede classe A cujo primeiro octeto é 10, o endereço de *broadcast* será 10.255.255.255. Todos os bits da parte que identifica os equipamentos na rede devem ter o valor 1.

Assim como o último endereço de uma rede identifica todos os equipamentos, o primeiro é utilizado para identificar a própria rede, e não para identificar uma máquina. Isso é importante para as rotas armazenadas nos roteadores e para que você se comunique corretamente com outros profissionais de redes de computadores.

> ## » PARA SABER MAIS
>
> Se o último endereço de uma rede é usado para identificar todas as máquinas (nenhuma em específico) e o primeiro é usado para identificar a própria rede, então, em cada rede, há uma perda de dois endereços. Uma rede classe C, por exemplo, não pode ter 256 máquinas (0-255). Só pode ter 254, pois perde o endereço 0 e o endereço 255.

Endereços *multicast* são endereços que identificam algumas máquinas de uma rede. Não todas, algumas. Existe uma classe de endereços reservada para este uso – a classe D. Todos os endereços dessa classe iniciam pelos bits 1110. Portanto, estão incluídos os endereços que vão de 224.0.0.0 até 239.255.255.255. Um exemplo clássico para o uso de endereços *multicast* são sistemas de videoconferência em que há um transmissor e vários receptores. Como há vários receptores, não faz sentido que a transmissão seja enviada para cada um (datagrama *unicast*), pois isso multiplica muito o número de pacotes. Por outro lado, também não faz sentido enviar uma mensagem para todos os equipamentos (*broadcast*), já que apenas alguns desejam receber a transmissão. O recebimento de uma mensagem de *broadcast* IP obriga a camada de rede a desencapsular os seus dados para descobrir que nenhuma aplicação correspondente está sendo executada no dispositivo. O uso de *multicast* faz o datagrama ser desconsiderado, economizando processamento. Algumas dificuldades na implementação de *multicast* para uma rede mundial o tornam um tipo de endereçamento pouco utilizado atualmente na Internet.

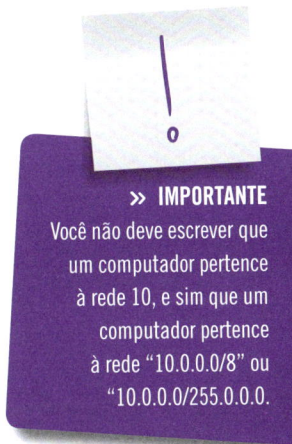

> **» IMPORTANTE**
> Você não deve escrever que um computador pertence à rede 10, e sim que um computador pertence à rede "10.0.0.0/8" ou "10.0.0.0/255.0.0.0.

» Endereços especiais

Existem alguns endereços IP reservados para usos especiais, isto é, eles não são utilizados para endereçar equipamentos na Internet propriamente dita.

Os endereços da rede 127.0.0.0/8 são utilizados para identificar o próprio computador. Ou seja, se um determinado equipamento enviar um datagrama para o endereço 127.0.0.1, estará enviando para si mesmo. Este endereço é também conhecido como **endereço da interface de *loopback*** ou **endereço de *localhost***. Os datagramas serão tratados como se tivessem vindo da rede. Este endereço é utilizado para teste e para aplicações em que cliente e servidor estejam na mesma máquina.

Os endereços das redes 10.0.0.0/8, 172.16.0.0/12 e 192.168.0.0/16 são reservados para uso interno. Datagramas que os contenham não são roteados pela Internet. Por isso, tais endereços são conhecidos como inválidos, podendo ser empregados em redes internas. Esses endereços são usados principalmente em configurações que utilizam NAT. Você poderá compreender esse conceito na seção "NAT (Network Address Translation)".

Os endereços classe E (240.0.0.0 em diante) são de uso reservado para testes da IETF (*Internet Engineering Task Force*), responsável pelo desenvolvimento de novos padrões para a arquitetura da Internet.

» Administração dos endereços e CIDR (Classless Inter-Domain Routing)

Quem administra os endereços IP no mundo é uma corporação internacional sem fins lucrativos chamada ICAAN (*Internet Corporation for Assigned Names and Numbers*), mais especificamente um departamento seu denominado IANA (*Internet Assigned Numbers Authority*). Nas diversas regiões do mundo, existem outras organizações. Na América Latina, o responsável é o LACNIC (*Latin America and Caribbean Network Information Center*).

Um dos problemas atuais da Internet é a escassez de endereços IP. Para muitas empresas, ter uma rede classe C é muito pouco, e ter uma rede classe B é um excesso. Um segundo problema associado à distribuição de endereços é o tamanho das tabelas que os roteadores devem armazenar para estabelecer as rotas. Não é viável que roteadores guardem rotas para cada classe C existente (mais de 2 milhões de redes). O CIDR (*Classless Inter-Domain Routing* – RFC 4632) é uma técnica utilizada para superar essas questões. A expressão *classless* traz a ideia de que as classes originais não identificam mais as redes. Dentre as diversas redes que a LACNIC recebeu está a 200.0.0.0/8. Teoricamente, um número IP que inicia por 200 pertence a uma rede classe C. Ao utilizar CIDR, isto é, ao desconsiderar a classe original, é possível que diversos roteadores eliminem dezenas de milhares de rotas. A alocação de endereços é feita em blocos de tamanho variável, e não em blocos fixos (*classfull*). Evidentemente que o uso das máscaras é fundamental para o funcionamento do CIDR.

> **» EXEMPLO**
>
> **Exemplo de uso de CIDR**
> Um provedor pode ter quatro clientes utilizando, cada um, uma rede classe C, conforme a lista a seguir:
>
> - 200.132.48.0/24
> - 200.132.49.0/24
> - 200.132.50.0/24
> - 200.132.51.0/24
>
> Ao observarmos o terceiro octeto, veremos que apenas os últimos dois bits variam e que apresentam as quatro possibilidades existentes (00, 01, 10 e 11). Isso quer dizer que as quatro redes poderiam ser agrupadas em uma super-rede, cuja identificação seria 200.132.48.0/22. Ora, se as quatro redes estão ligadas pelo mesmo provedor de acesso, então os roteadores externos ao provedor não precisam de quatro rotas, basta uma para a grande rede.

» NAT – Network Address Translation

A escassez de endereços IP obrigou as organizações a utilizarem uma técnica chamada NAT (RFC 2022). De certa forma, tal solução adiou por um tempo a adoção do protocolo IPv6 (Capítulo 6). Se você tem uma rede sem fio em casa ligada a um provedor de TV a cabo ou de ADSL, é muito provável que o seu roteador sem fio esteja utilizando NAT.

A lógica de funcionamento do NAT é muito simples e pode ser compreendida pela observação da Figura 5.6:

- Há uma rede interna, em que estão localizados quase todos os computadores de uma organização ou mesmo de um domicílio.
- Todos os equipamentos da rede interna possuem endereços inválidos, como os vistos na seção "Endereços especiais".
- O servidor responsável pelo NAT separa a rede interna da externa, tendo, portanto, um endereço inválido e outro válido.

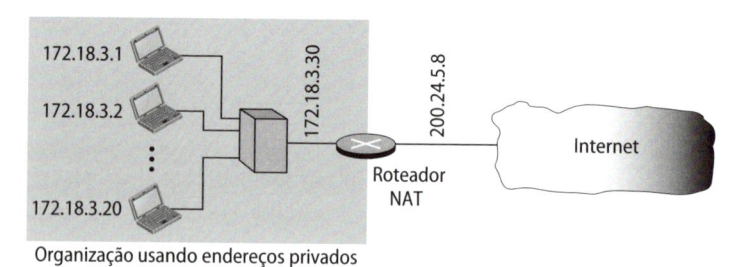

Figura 5.6 Esquema de uma rede com NAT.
Fonte: Forouzan e Mosharraf (2013).

- Quando um datagrama é enviado por um computador da rede interna, ele passa pelo servidor de NAT, que altera o endereço IP de origem inválido para o seu endereço válido.
- Todas as respostas retornarão para o servidor NAT, que deverá identificar quem é o destinatário real da rede interna.

O servidor de NAT pode ser o próprio roteador ou uma máquina específica. Neste caso, esta máquina estará fazendo o papel de roteador. Para que esse modelo funcione, é necessário que o servidor de NAT consiga identificar a quem se destina determinada mensagem de retorno. Para isso, o servidor altera a porta de origem TCP ou UDP do pacote e cria uma tabela dinâmica relacionando porta e IP externos com porta e IP internos.

Este tipo de NAT só permite comunicações originadas da rede interna. Muitas vezes, deseja-se colocar um servidor na rede interna. Neste caso, é necessário o que se chama de NAT estático ou reverso. NAT estático exige uma configuração fixa relacionando uma porta externa com um endereço IP e porta internos, ou outro endereço externo com um endereço interno.

≫ ICMP – Internet Control Message Protocol

Embora os computadores apresentem, em seus sistemas operacionais, implementações da camada de rede, são os roteadores que desempenham o papel de protagonistas. Para que os datagramas cheguem aos destinos pelos melhores caminhos, é nos roteadores que a mágica acontece. São os roteadores que, a partir do endereço de destino, analisam suas tabelas de roteamento e decidem a rota adequada para que o datagrama atinja o seu alvo.

O protocolo ICMP (RFC 792) tem como função comunicar eventos importantes na tarefa executada pelos roteadores. Normalmente, é utilizado para diagnóstico, controle e alerta de erro. A Figura 5.7 contém o formato do datagrama ICMP.

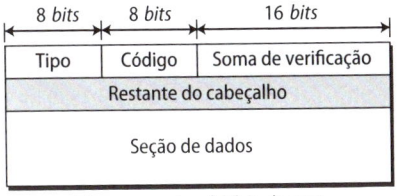

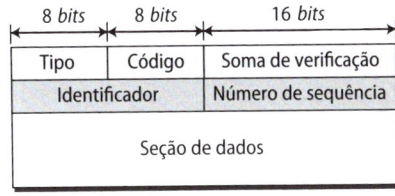

8 bits	8 bits	16 bits
Tipo	Código	Soma de verificação
Restante do cabeçalho		
Seção de dados		

Mensagens de relatório de erro

8 bits	8 bits	16 bits
Tipo	Código	Soma de verificação
Identificador		Número de sequência
Seção de dados		

Mensagens de consulta

Valor de tipo e de código

Mensagens de relatório de erro
03: Destino inalcançável (códigos 0 a 15)
04: Origem extinta (apenas código 0)
05: Redirecionamento (códigos 0 a 3)
11: Tempo excedido (códigos 0 e 1)
12: Problema de parâmetro (códigos 0 e 1)

Mensagens de consulta
08 e 00: Pedido e resposta de eco (apenas código 0)
13 e 14: Pedido e resposta de carimbo de tempo *(timestamp)* (apenas código 0)

Figura 5.7   Formato do datagrama ICMP.
Fonte: Forouzan e Mosharraf (2013).

O protocolo ICMP apresenta uma série de mensagens. Para conhecer algumas dessas mensagens e identificar a tarefa realizada pelo protocolo, verifique o Quadro 5.4.

Existem dois programas que empregam o protocolo ICMP e que são ferramentas importantes para administradores de rede: **ping** e **traceroute**. A Figura 5.8 apresenta o resultado de um comando ping. Observe que foram enviados sete datagramas, e todos foram recebidos. Também são informados os tempos e o TTL.

```
PING poa.ifrs.edu.br (200.132.50.12): 56 data bytes
64 bytes from 200.132.50.12: icmp_seq=0 ttl=58 time=12.017 ms
64 bytes from 200.132.50.12: icmp_seq=1 ttl=58 time=19.294 ms
64 bytes from 200.132.50.12: icmp_seq=2 ttl=58 time=20.485 ms
64 bytes from 200.132.50.12: icmp_seq=3 ttl=58 time=10.989 ms
64 bytes from 200.132.50.12: icmp_seq=4 ttl=58 time=13.393 ms
64 bytes from 200.132.50.12: icmp_seq=5 ttl=58 time=14.447 ms
64 bytes from 200.132.50.12: icmp_seq=6 ttl=58 time=31.082 ms
^C
--- poa.ifrs.edu.br ping statistics ---
7 packets transmitted, 7 packets received, 0.0% packet loss
round-trip min/avg/max/stddev = 10.989/17.387/31.082/6.493 ms
marcelo:~ marcelo$
```

Figura 5.8   Resultado de um comando ping.
Fonte: Dos autores.

A Figura 5.9 corresponde ao resultado do comando traceroute para o mesmo equipamento. Nesse caso, é possível visualizar os diversos roteadores por onde o datagrama passou para chegar ao destino e também é possível identificar uma interrupção. Essa interrupção ocorre porque nem todas as organizações permitem a passagem de todos os datagramas ICMP.

```
marcelo:~ marcelo$ traceroute poa.ifrs.edu.br
traceroute to poa.ifrs.edu.br (200.132.50.12), 64 hops max, 52 byte packets
 1  192.168.1.1 (192.168.1.1)  3.384 ms  1.794 ms  1.179 ms
 2  200-236-35-129.cable.tche.br (200.236.35.129)  9.857 ms  11.404 ms  20.115 ms
 3  c915c002.virtua.com.br (201.21.192.2)  11.905 ms  19.384 ms  11.812 ms
 4  as2716.rs.ptt.br (200.219.143.1)  14.717 ms  11.430 ms  10.884 ms
 5  c6k.metropoa.tche.br (200.19.246.8)  30.380 ms  7.596 ms  11.177 ms
 6  * * *
 7  *^C
marcelo:~ marcelo$
```

Figura 5.9 Resultado de um comando traceroute.
Fonte: Dos autores.

Quadro 5.4 » Exemplos de mensagens ICMP

Tipo/Código	Nome	Significado
0/0	Echo reply	Resposta gerada quando do recebimento de uma mensagem do tipo *Echo request*.
3/0	Destination network unreachable	Informação de que não foi possível chegar à rede desejada.
3/1	Destination host unreachable	Informação de que não foi possível chegar ao equipamento desejado.
3/3	Destination port unreachable	Informação de que não foi possível chegar à porta desejada.
4/0	Source quench	Pedido de diminuição da taxa de envios de datagramas.
5/0	Redirect datagram for the network	Pedido para que datagramas para uma rede sejam enviados por outra rota.
8/0	Echo request	Pedido de envio de uma mensagem do tipo *Echo reply*.
11/0	TTL expired in transit	Informação de que o datagrama foi descartado porque o campo TTL chegou a zero.

Fonte: Dos autores.

ARP – Address Resolution Protocol

Como você sabe, cada camada da arquitetura de rede utiliza os serviços da camada inferior. Assim, a camada de rede terá de passar o seu datagrama para a camada de enlace. Embora a camada de enlace não seja tema deste livro, é importante que você compreenda alguns conceitos de endereçamento. A Figura 5.5 faz menção à descoberta do endereço de enlace do destino e do *gateway default*.

O que será lido pela placa de rede do seu micro não é o endereço IP, é o endereço de nível de enlace. O datagrama IP estará encapsulado no quadro de enlace quando chegar no seu micro. O seu notebook ou computador de mesa está conectado em uma rede local conhecida como ethernet (não confunda com Internet). A sua placa de rede, com ou sem fio, apresenta um endereço ethernet, muitas vezes chamado de endereço MAC (*Media Access Control*). Esse é um endereço de nível de enlace. Ele não serve para fazer nossos pacotes chegarem ao outro lado do mundo. Somente a camada de rede faz isso. No entanto, é esse endereço que a placa de rede entende.

Quando um computador solicita à camada de enlace que envie um datagrama para uma máquina da mesma rede local, ele precisa informar qual é o endereço MAC do equipamento destino. Portanto, ele precisa saber qual é o endereço MAC correspondente a determinado endereço IP. O protocolo utilizado para fazer esta descoberta chama-se ARP (*Address Resolution Protocol*). Basicamente, o equipamento que precisa ser configurado envia uma mensagem ARP na rede perguntando qual é o endereço MAC correspondente ao IP pretendido. Todos os computadores da rede recebem essa mensagem, pois ela é enviada para o endereço de *broadcast*. Se a máquina correta estiver ligada, ela responde com uma mensagem ARP informando o seu endereço MAC (Figura 5.10).

> **» NO SITE**
> Cada computador mantém uma tabela de resolução ARP na memória para que não seja necessário utilizar o protocolo em grande parte das comunicações. Se considerarmos que a maioria dos datagramas é enviada para o *gateway default*, então, uma vez descoberto o endereço MAC deste equipamento, a maior parte dos datagramas não exigirá uma consulta ARP prévia.

> **» DICA**
> Se você quiser saber o que está guardado no seu computador, digite o comando, "arp -a".

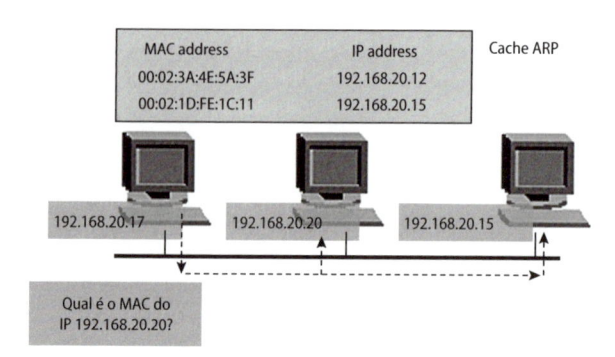

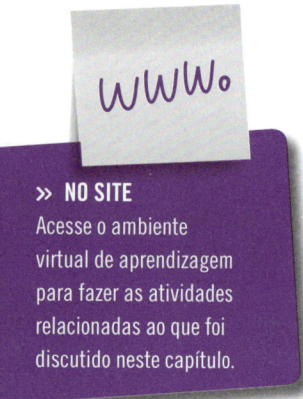

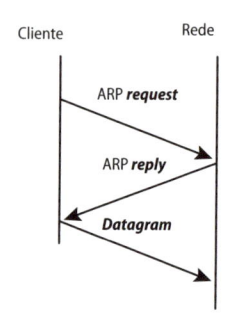

Figura 5.10 Esquema de funcionamento do protocolo ARP.
Fonte: Carissimi, Rochol e Granville (2009).

> **NO SITE**
> Acesse o ambiente virtual de aprendizagem para fazer as atividades relacionadas ao que foi discutido neste capítulo.

» Agora é a sua vez!

1. Descubra o endereço e a máscara utilizados pelo seu computador.
2. Descubra que outros endereços podem ser empregados na rede local em que está localizado o seu computador.
3. Converta a máscara do seu computador para outro formato.
4. Quantos equipamentos podem se conectar a uma rede cuja máscara é igual a "/27"?
5. Se você utiliza NAT em casa ou na empresa, descubra qual é a rede inválida e qual é o endereço válido utilizado.
6. Por que equipamentos de redes físicas distintas não podem apresentar endereços da mesma rede IP?

REFERÊNCIAS

CARISSIMI, A. S.; ROCHOL, J.; GRANVILLE, L. Z. *Redes de computadores*. Porto Alegre: Bookman, 2009. (Série Livros Didáticos Informática UFRGS, v. 20).

FOROUZAN, B. A.; MOSHARRAF, F. *Redes de computadores*: uma abordagem top-down. Porto Alegre: AMGH, 2013.

REDE NACIONAL DE ENSINO E PESQUISA. *Panorama do tráfego*. Rio de Janeiro: RNP, 2013. Disponível em: < http://www.rnp.br/ceo/trafego/panorama.php>. Acesso em: 18 set. 2013.

SCHMITT, M. A. R.; PERES, A.; LOUREIRO, C. A. *Redes de computadores*: nível de aplicação e instalação de serviços. Porto Alegre: Bookman, 2013.

LEITURAS RECOMENDADAS

COMER, D. E. *Interligação de redes com TCP/IP*: princípios, protocolos e arquitetura. 5. ed. São Paulo: Campus, 2006. v. 1.

FULLER, V.; LI, T. *Classless inter-domain routing (CIDR)*: the internet address assignment and aggregation plan. [S.l.: s.n.], 2006. Disponível em: <http://tools.ietf.org/html/rfc4632>. Acesso em: 18 set. 2013.

INFORMATION SCIENCES INSTITUTE. Internet protocol: RFC 791. Marina del Rey: [s.n.], 1981. Disponível em: <http://tools.ietf.org/html/rfc791>. Acesso em: 18 set. 2013.

NICHOLS, K. et al. *Definition of the differentiated services field (DS field) in the IPv4 and IPv6 headers*. [S.l.: s.n.], 1998. Disponível em: <http://tools.ietf.org/html/rfc2474>. Acesso em: 18 set. 2013.

RAMAKRISHNAN, K. et al. *The addition of explicit congestion notification (ECN) to IP*. [S.l.: s.n.], 2001. Disponível em: <http://tools.ietf.org/html/rfc3168>. Acesso em: 18 set. 2013.

STALLINGS, W. *Redes e sistemas de comunicação de dados*. 5. ed. São Paulo: Campus, 2005.

TANENBAUM, A. S. *Redes de computadores*. 4. ed. São Paulo: Campus, 2003.

capítulo 6

Protocolo IPv6

Neste capítulo, serão apresentadas as justificativas para a utilização do protocolo IPv6. Além disso, serão apresentadas suas funcionalidades, o funcionamento do seu endereçamento, bem como as diferenças entre o IPv6 e o seu antecessor, o IP versão 4. Ao final do capítulo, você será capaz de implementar uma rede local com endereçamento IPv6 e configurar alguns serviços com este protocolo.

Objetivos deste capítulo

» Mostrar como endereçar uma rede utilizando o IPv6.

» Identificar as diferenças entre o IPv4 e o IPv6.

» Apresentar as funcionalidades e os recursos disponibilizados com o IPv6.

» Demonstrar como configurar serviços com o IPv6.

❯❯ Por que utilizar o IPv6?

A principal necessidade para a criação de um novo protocolo a fim de substituir o IPv4 foi a escassez de endereços IP, pois a quantidade de 2^{32} (4 bilhões) endereços não foi suficiente para atender a escala na qual a Internet cresce. Com o IPv6, é possível endereçar 2^{128} dispositivos, isto é, 2 bilhões de IPs para cada pessoa no planeta.

Mesmo com a disponibilização do IPv6 em 1998 e com conscientizações realizadas sobre o término dos endereços IPv4, o crescimento do IPv6 não teve a adoção esperada pelos órgãos reguladores da Internet no mundo. Com isso, em setembro de 2008, o IANA (*Internet Assigned Numbers Authority*) disponibilizou um cronograma informando que, após o término dos blocos /8 IPv4 existentes, seriam distribuídos os últimos blocos conhecidos como reservados, sendo um bloco para cada RIR (*Regional Internet Registry*). Além disso, dependendo da demanda em cada RIR, seu consumo deveria ocorrer de 1 a 3 anos. Esta distribuição realizada pelo IANA ocorreu em 2011, e até 2014 estarão terminados os endereços IPv4 distribuídos às entidades reguladoras da Internet dos países.

A demora na adoção do IPv6 ocorre principalmente pela necessidade de investimento em serviços e na substituição de equipamentos, principalmente nos *backbones* (espinhas dorsais) de operadoras de telefonia e provedores de Internet. Para ludibriar essa necessidade iminente, fabricantes, como a Cisco, implantaram o protocolo *Carrier Grade* NAT44, que permite o uso de NAT na borda da rede, capacitando um provedor a trabalhar inteiramente com endereços IPv4 privados (não roteáveis na Internet). Isso tem adiado ainda mais a migração para o IPv6, impedindo que usuários alcancem novas tecnologias oriundas deste novo protocolo.

Este panorama, que apenas retarda a adoção do IPv6, apressará a implantação no momento em que terminarem os endereços IPv4, conforme demonstra a Figura 6.1. Por isso, quanto antes iniciarmos a implantação do IPv6 em nossas redes, mais tranquila será a transição.

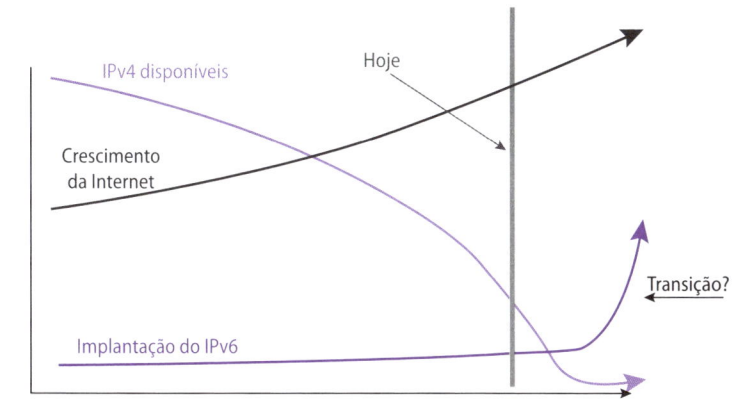

Figura 6.1 Panorama de implantação do IPv6.
Fonte: Centro de Estudos e Pesquisas em Tecnologia de Redes e Operações (2013).

Diferenças entre o cabeçalho do IPv6 e do IPv4

O IPv6 é um protocolo totalmente novo e incompatível com o IPv4, isto é, não é possível acessar um serviço em IPv6 utilizando um computador que utilize apenas IPv4, ou vice-versa. Para acessar serviços na Internet, é necessário que ambos os *hosts* utilizem o mesmo protocolo. Embora existam técnicas de tradução de endereços, essa não é uma solução a ser utilizada de forma definitiva, pois essa tradução de endereços acarreta perdas de velocidade na comunicação e possíveis brechas de segurança, já que necessita de um tradutor no caminho que realize o processamento.

No desenvolvimento do protocolo IPv6, como não foi possível manter a compatibilidade direta com o IPv4, foram criadas novas funcionalidades que facilitam o gerenciamento da utilização do IPv6 e que serão estudadas nos próximos tópicos. A primeira alteração está no cabeçalho do pacote IP. Foram retirados seis campos desnecessários, foram alterados os nomes de quatro campos para facilitar a compreensão e foi incluído um campo para o controle de fluxo. As Figuras 6.2 e 6.3 mostram uma comparação entre o cabeçalho do IPv4 e o cabeçalho do IPv6.

Os campos do IPv4 que tiveram seus nomes alterados no IPv6 são:

Campos no IPv4	Campos no IPv6
Tipo de serviço	Classe de tráfego
Tamanho total	Tamanho de dados
Tempo de vida (TTL)	Limite de encaminhamento
Protocolo	Próximo cabeçalho

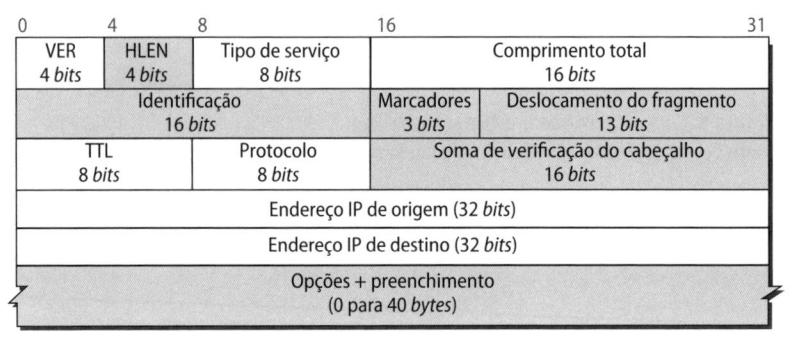

0	4	8	16		31
VER 4 bits	HLEN 4 bits	Tipo de serviço 8 bits	Comprimento total 16 bits		
Identificação 16 bits			Marcadores 3 bits	Deslocamento do fragmento 13 bits	
TTL 8 bits		Protocolo 8 bits	Soma de verificação do cabeçalho 16 bits		
Endereço IP de origem (32 bits)					
Endereço IP de destino (32 bits)					
Opções + preenchimento (0 para 40 bytes)					

Figura 6.2 Os seis campos removidos do cabeçalho IPv4.
Fonte: Forouzan e Mosharraf (2013).

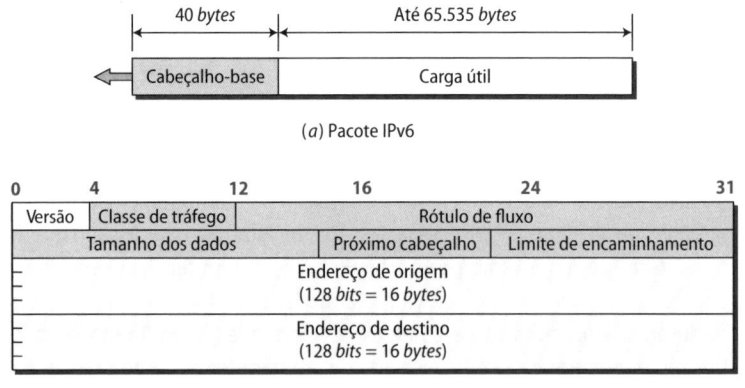

40 bytes	Até 65.535 bytes
Cabeçalho-base	Carga útil

(a) Pacote IPv6

0	4	12	16	24	31
Versão	Classe de tráfego		Rótulo de fluxo		
Tamanho dos dados			Próximo cabeçalho	Limite de encaminhamento	
Endereço de origem (128 bits = 16 bytes)					
Endereço de destino (128 bits = 16 bytes)					

Figura 6.3 Os quatro campos alterados e o campo incluído no Cabeçalho IPv6.
Fonte: Forouzan e Mosharraf (2013).

Apesar de os endereços IPv6 possuírem quatro vezes mais bits do que os endereços IPv4, conforme veremos no próximo tópico, o cabeçalho tem apenas o dobro do tamanho, e com a vantagem de esse tamanho ser fixo. Assim, os equipamentos de rede podem ler o cabeçalho inteiro do IPv6 sem necessitar interpretar seu conteúdo para descobrir seu tamanho, o que, em IPv4, demanda um processamento às vezes desnecessário, dependendo do equipamento.

> **» ATENÇÃO**
> O cabeçalho IPv6 possui o tamanho de 40 bytes, enquanto o cabeçalho IPv4 pode possuir de 20 a 60 bytes.

» Cabeçalhos de extensão

Os cabeçalhos de extensão são uma novidade no IPv6. No IPv4, quando havia a necessidade de implementar uma nova funcionalidade, como criptografia, era necessária a realização de encapsulamento, isto é, colocar um pacote dentro da parte destinada a dados de outro pacote, o que gera uma sobrecarga desnecessária na rede. No IPv6, estas funcionalidades podem ser realizadas por meio dos cabeçalhos de extensão, em que é possível a implantação de novas tecnologias sem a necessidade de encapsulamento, pois não há limites de quantidade nem de tamanho para esses cabeçalhos.

Como observamos na Figura 6.4, no campo **próximo cabeçalho** do pacote IPv6 é informado o código referente ao cabeçalho de extensão, que terá seus próprios campos de acordo com a necessidade e poderá apontar para outro cabeçalho, conforme a necessidade.

Cabeçalho IPv6 (Próximo cabeçalho=6) → Cabeçalho TCP → Dados

Cabeçalho IPv6 (Próximo cabeçalho=43) → Cabeçalho routing (Próximo cabeçalho=6) → Cabeçalho TCP → Dados

Cabeçalho IPv6 (Próximo cabeçalho=43) → Cabeçalho routing (Próximo cabeçalho=44) → Cabeçalho fragmentation (Próximo cabeçalho=46) → Cabeçalho TCP → Dados

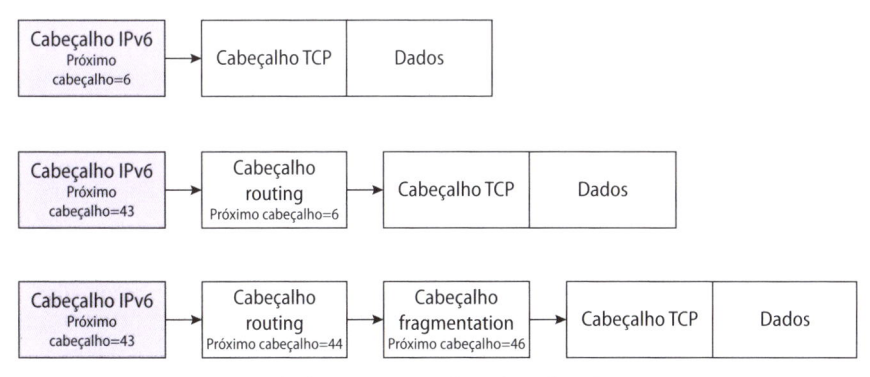

Figura 6.4 Representação do funcionamento dos cabeçalhos de extensão.
Fonte: Dos autores.

Na Tabela 6.1, estão descritos os principais cabeçalhos de extensão e sua utilização.

Tabela 6.1 » **Cabeçalhos de extensão e suas descrições**

Cabeçalho de extensão	Descrição
Hop-by-Hop Options	Nele são incluídas opções que devem ser processadas por todos os roteadores por onde este pacote passará até chegar ao seu destino como, por exemplo, qual ação tomar em caso de erro.
Routing Header	Inicialmente utilizado para definir quais são os saltos que o pacote deverá passar antes de chegar ao seu destino. Tornou-se obsoleto por ser considerado um problema de segurança.
Fragment Header	Utilizado para dar informações sobre o pacote fragmentado, como a posição do fragmento atual em relação ao pacote original (utilizado apenas na origem do pacote).
Authentication Header	Utilizado para a implementação de IPsec sobre IPv6, incluindo campos como *Authentication Data* e *Security Parameter Index* (SPI).
Encapsulation Security Payload Header	É usado para garantir a confidencialidade, a autenticidade da origem dos dados e a integridade da conexão.
Destination Options	É utilizado em pacotes enviados por um computador móvel, enquanto estiver fora de sua rede, para informar ao destinatário seu *home address*.
Mobility Header	É utilizado para as mensagens: *Binding Refresh, Binding Update, Binding Acknowledgement, Binding Error Message*, utilizadas para mobilidade em IPv6.

Fonte: Dos autores.

A Tabela 6.2 apresenta uma relação dos cabeçalhos de extensão existentes e a ordem em que são utilizados. Contudo, devemos lembrar que novos cabeçalhos podem ser criados a qualquer momento.

Tabela 6.2 » **Ordem de utilização e código dos cabeçalhos de extensão**

Ordem	Cabeçalho de extensão	Código do cabeçalho
1	Cabeçalho básico do IPv6	–
2	*Hop-by-Hop Options*	0
3	*Routing Header*	43

(Continua)

Tabela 6.2 » **Ordem de utilização e código dos cabeçalhos de extensão** (*continuação*)

Ordem	Cabeçalho de extensão	Código do cabeçalho
4	*Fragment Header*	44
5	*Authentication Header*	51
6	*Encapsulation Security Payload Header*	50
7	*Destination Options*	60
8	*Mobility Header*	135
	Sem próximo cabeçalho	59
Camada superior	TCP	6
Camada superior	UDP	17
Camada superior	ICMPv6	58

Fonte: Dos autores.

Endereçamento IPv6

O protocolo IPv6 utiliza 128 bits para a formação de seu endereço, sendo estes números representados em hexadecimal divididos em oito grupos de 16 bits separados pela pontuação ":", conforme a Figura 6.5. Como a representação hexadecimal permite os valores de 0 a F, é possível até criar palavras para facilitar a identificação dos endereços.

- Identificador de global (redes)
- Identificador de sub-redes
- Identificador de interface (*host*)

2001:DB8:CAFE:DAD0:8888:CD01:3F3F:4567

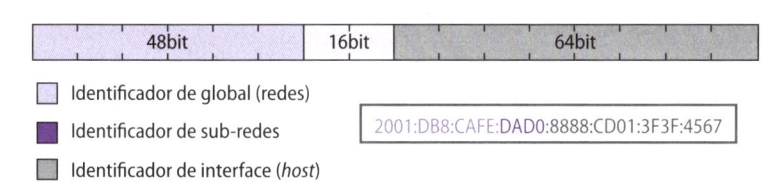

Figura 6.5 Endereçamento IPv6.
Fonte: Dos autores.

Devido ao seu tamanho, é permitido realizar uma abreviação dos endereços IP para facilitar. Caso ocorra uma sequência de zeros, ela pode ser substituída por "::", assim como os zeros à esquerda podem ser suprimidos.

Por exemplo, o número IPv6 2001:0DB8:0000:0000:DAD0:CAFE:FFDD:0051 pode ser representado pelo número 2001:DB8::DAD0:CAFE:FFDD:51, e o número 2001:0DB8:0000:0000:DAD0:0000:0000:0051 pode ser representado por 2001:DB8::DAD0:0:0:0051.

Observe que, no último exemplo, apareceram dois conjuntos com zeros. Entretanto, podemos utilizar o recurso de substituir os zeros por"::" apenas uma vez em um endereço, sendo necessário representar cada conjunto adicional de zeros por pelo menos um zero.

» Máscaras de rede

Assim como no IP versão 4, no IPv6 é utilizado o sistema *Classless Inter-Domain Routing* (CIDR) em que um endereço IP está separado em duas partes: endereço de rede e endereço de *host*. Para identificar o término do endereço de rede e o início do endereço de *host*, é utilizada uma máscara de bits. Desse modo, no endereço 2001:DB8:CAFE:CADE:0000:DAD0:1111:1234/48, sabemos que os primeiros 48 bits identificam o endereço de rede e o restante identifica o *host*.

Como cada número hexadecimal equivale a 4 bits, os primeiros 12 dígitos que somam 48 bits são de rede (2001:db8:cafe), e os 80 dígitos restantes identificam o *host* (cade:0000:dad0:1111:1234).

Assim como no IPv4, é possível realizar a divisão de uma rede utilizando qualquer quantidade de bits para a máscara de rede. Por exemplo, o endereço IP 2001:db8:cafe:cade:0000:dad0:1111:1234/56 terá como endereço de rede 2001:db8:cafe:ca e o endereço de *host* de:0000:dad0:1111:1234. Para representar apenas uma rede, sem a necessidade de representar um *host*, utilizamos "::" no final de seu endereço. Exemplos:

  2001:db8:cafe::/48
  2001:db8:cafe:cade::/64
  2001:db8:ca::/40

» DICA

É possível dividir uma rede com uma quantidade de bits que compreenda apenas parte de um número hexadecimal. Por exemplo, a rede 2001:db8:cafe::/49 possui os seguintes limites:

- Início: 2001:db8:cafe:0000:0000:0000:0000:0000
- Fim: 2001:db8:cafe:7FFF:FFFF:FFFF:FFFF:FFFF:FFFF

» Tipos de endereçamento

No IPv6 existem três tipos de endereçamento: *unicast, multicast e anycast*. Os endereços do tipo *broadcast* do IPv4 não existem mais no IPv6, já que não seria possível enviar uma mensagem para todos os endereços ao mesmo tempo, pois a quantidade de endereços é muito grande.

Unicast

O *unicast* no IPv6, assim como no IPv4, identifica o endereço de uma interface de rede de forma única, isto é, um endereço IP deve existir em apenas um dispositivo na internet.

Mas, como no IPv4, há faixas reservadas para certas funcionalidades. Por exemplo, no IPv4, existem os prefixos de rede 192.168.0.0/16 ou 10.0.0.0/8 para redes não roteáveis. No IPv6, esse prefixo é o FC00::/7. Esta mesma reserva de redes serve para representar diferentes serviços, como:

- FE80::/10 – bloco utilizado para a geração automática de endereços IPv6 não roteáveis em uma rede local, conhecidos como endereços *link-local*.
- 2000::/3 – bloco de endereços em que iniciou a alocação dos endereços IPv6 roteáveis, isto é, a distribuição de endereços realizada pelo IANA, conhecidos como endereços *link-global*.
- ::1/128 – endereço de *loopback* (IPv4: 127.0.0.1).

Unicast local

São os endereços, também conhecidos por *link-local*, gerados automaticamente pelos dispositivos de rede. Com este endereço, é possível o estabelecimento de comunicação entre dispositivos de uma rede local de computadores sem qualquer tipo de configuração. Isso é possível porque todos os dispositivos utilizam a rede FE80::/64 seguida de 64 bits (Figura 6.6) formados por algum algoritmo, como o IEEE EUI-64 (*64-bit Extended Unique Identifier*), que utiliza como base o endereço físico na interface de rede (endereço MAC).

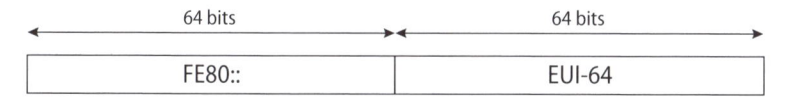

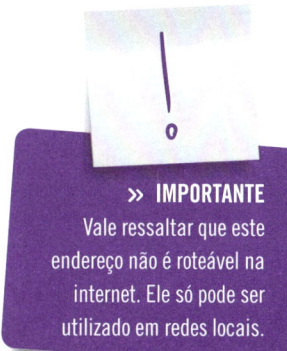

64 bits	64 bits
FE80::	EUI-64

Figura 6.6 Formato endereço IPv6 *link-local*.
Fonte: Dos autores.

> **» IMPORTANTE**
> Vale ressaltar que este endereço não é roteável na internet. Ele só pode ser utilizado em redes locais.

No entanto, mesmo em redes locais podemos ter um problema, como ilustrado na Figura 6.7. Um computador que tenha duas placas de rede quer estabelecer uma comunicação com um segundo computador. Como o computador de origem vai saber com que placa de rede ele deve encaminhar a mensagem se as duas placas estão com endereços da mesma rede FE80::/64?

Para resolver esse problema, devemos informar por qual placa de rede queremos que a mensagem seja encaminhada. Nesse exemplo, o comando correto seria:

C:\> ping fe80::cd43:fd23:cd12:2312%2

onde %2 refere-se à placa de rede de número 2. No Linux, se utiliza o sufixo %eth?, onde %eth? refere-se ao nome da placa de rede.

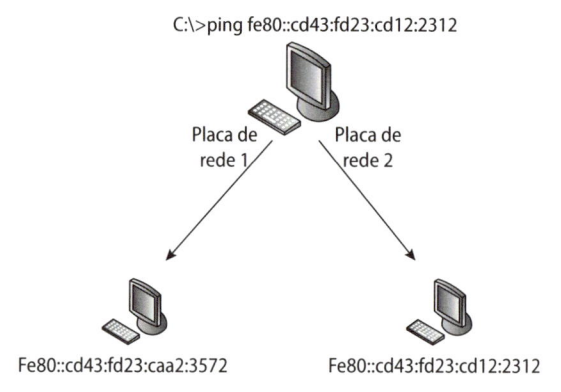

Figura 6.7 Exemplo de rede utilizando endereços IPv6 *link-local*.
Fonte: Dos autores.

» Agora é a sua vez!

Sabendo que as versões atuais dos sistemas operacionais já possuem suporte ao IPv6, faça um teste no Windows:

1. Abra um prompt de comando.
2. Digite: ipconfig
3. Verifique quantas interfaces de rede possuem o endereço IPv6 *link-local* e quantos zeros foram suprimidos nesse endereço (sabendo que um endereço IPv6 possui oito conjuntos de quatro números em hexadecimal).

Unicast global

Os endereços *unicast* globais são acessíveis globalmente na Internet e, assim, podemos compará-los com os endereços IPv4 públicos. Desse modo, conforme a Figura 6.8, os endereços são formados por três partes. A primeira refere-se ao prefixo recebido para sua rede como, por exemplo, o endereço 2001:db8:cafe::/48. Como toda rede local deve utilizar um /64 para que os recursos como geração automática de endereços (IEEE EUI-64) e envio e recebimento *de Router Advertisement* (será explicado posteriormente) funcionem, nos sobram 16 bits para sub-redes.

Com 16 bits é possível criar 65.536 redes diferentes. Dependendo do porte e da necessidade da rede, a distribuição dos prefixos globais pode ser maior ou menor, variando comumente entre /32 e /64.

|← 64 bits →|← 64 bits →|
| Prefixo global | Sub-rede | Identificador da interface |

Figura 6.8 Estrutura de endereços *unicast global*
Fonte: Dos autores.

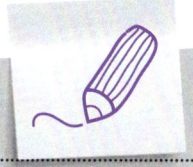

» Agora é a sua vez!

1. Se você possui a rede 2001:db8:cafe:da00::/56, em quantas redes /64 você consegue dividir este endereço?
2. O endereço do tipo *unicast global* possui quantos bits para designação de um endereço de host?

Agora vamos colocar em prática o que aprendemos aqui configurando um endereço IPv6 no seu computador Windows e na máquina virtual Linux.

1. Primeiramente, vamos configurar uma interface de rede nova na máquina virtual utilizada no primeiro livro desta série (SCHMITT; PERES; LOUREIRO, 2013). Abra o *Virtual Box*, selecione sua máquina virtual e entre na opção "configurações".
2. Nesse menu, selecione a opção "rede" e configure um segundo adaptador em modo Bridge, conforme mostra a Figura 6.9.

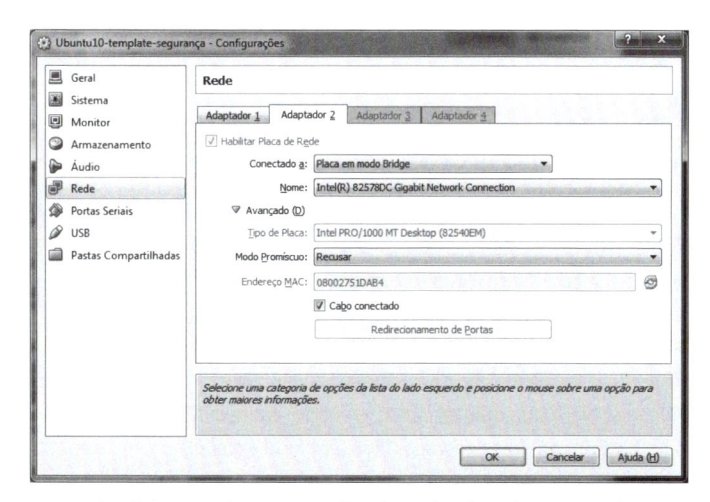

Figura 6.9 Configuração de um segundo adaptador de rede no *Virtual Box*.
Fonte: Dos autores.

3. Terminado esse procedimento, vamos configurar um endereço IPv6 primeiramente em seu Windows.

   Para isso, abra um Prompt de Comando e digite o comando "netsh interface show interface". Esse comando mostra o nome das interfaces de rede existentes no seu Windows. Para nosso exemplo, será utilizada a Interface "Conexão Local 1", conforme o resultado do comando que aparece na Figura 6.10.

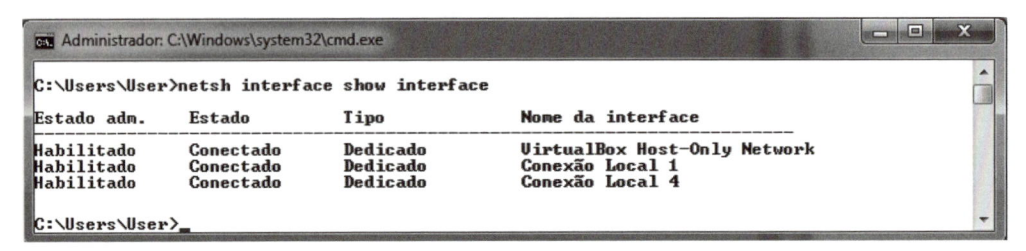

```
C:\Users\User>netsh interface show interface
Estado adm.     Estado          Tipo            Nome da interface
-------------------------------------------------------------------------
Habilitado      Conectado       Dedicado        VirtualBox Host-Only Network
Habilitado      Conectado       Dedicado        Conexão Local 1
Habilitado      Conectado       Dedicado        Conexão Local 4

C:\Users\User>
```

Figura 6.10 Listando as interfaces de rede no Windows.
Fonte: Dos autores.

4. Podemos configurar o endereço IP pela interface gráfica do Windows, utilizando a Central de Rede e Compartilhamento, ou pelo Prompt de Comando, utilizando o comando "netsh interface ipv6 add address", seguido do <nome da interface> e do <endereço IPv6>, como no exemplo da Figura 6.11.

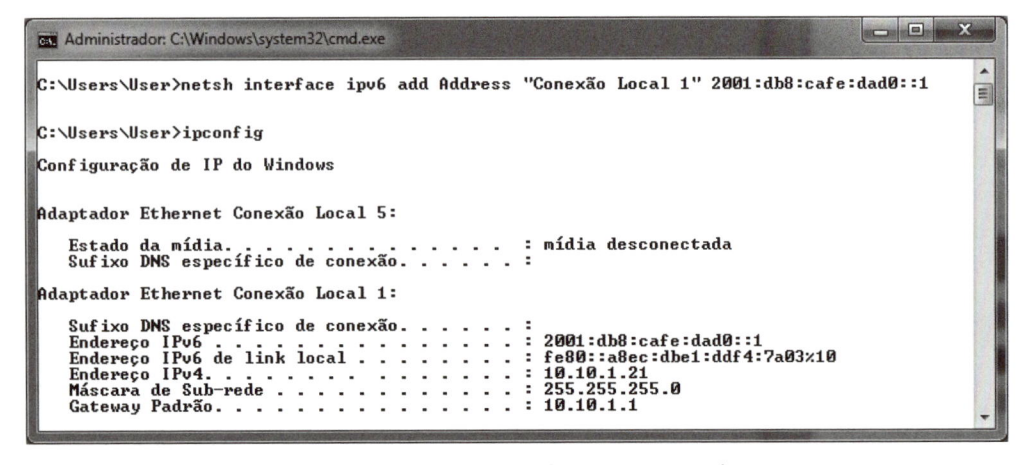

```
C:\Users\User>netsh interface ipv6 add Address "Conexão Local 1" 2001:db8:cafe:dad0::1

C:\Users\User>ipconfig

Configuração de IP do Windows

Adaptador Ethernet Conexão Local 5:

    Estado da mídia. . . . . . . . . . . . . . : mídia desconectada
    Sufixo DNS específico de conexão. . . . . :

Adaptador Ethernet Conexão Local 1:

    Sufixo DNS específico de conexão. . . . . :
    Endereço IPv6. . . . . . . . . . . . . . . : 2001:db8:cafe:dad0::1
    Endereço IPv6 de link local . . . . . . . : fe80::a8ec:dbe1:ddf4:7a03%10
    Endereço IPv4. . . . . . . . . . . . . . . : 10.10.1.21
    Máscara de Sub-rede . . . . . . . . . . . : 255.255.255.0
    Gateway Padrão. . . . . . . . . . . . . . : 10.10.1.1
```

Figura 6.11 Configurando o endereço IPv6 no Windows.
Fonte: Dos autores.

5. Para verificar se a atribuição do endereço ocorreu corretamente, utilize o comando ipconfig. Verifique que, no nosso exemplo, agora a interface de rede "Conexão Local 1" possui dois endereços IPv6 (*link local* e *global*) e o endereço IPv4.

Como explicado no início da seção "*Unicast global*", a máscara de rede para o endereçamento de interface deve ser /64. Sabendo disso, o Windows já atribui esta máscara automaticamente.

6. Para configurar o IPv6 em seu Linux, inicie a máquina virtual previamente configurada em seu *Virtual Box*, abra um Terminal na máquina virtual (ou acesse por ssh) e execute o comando "sudo su", informando a senha de seu usuário para que você tenha acesso ao computador como usuário *root*.
7. Digite "ifconfig" e verifique se você possui duas interfaces de rede, uma eth0, utilizada nos exercícios do primeiro livro (SCHMITT; PERES; LOUREIRO, 2013), e agora a interface eth1.
8. Para configurar o endereço IPv6, execute "ifconfig eth1 add 2001:cade:cafe:dad0::2/64" seguido do comando "ifconfig eth1" novamente para verificar se o procedimento funcionou.
9. Pronto! Agora você pode executar um ping no endereço na sua estação Windows com o comando "ping6 2001:db8:cafe:dad0::1". O procedimento completo está ilustrado na Figura 6.12.

> » **DICA**
> Caso ocorra algum erro no momento de incluir os endereços, você pode apagá-los com os seguintes comandos:
>
> No Windows:
> netsh interface ipv6 del Address "Conexão Local 1" 2001:db8:cafe:dad0::1
>
> No Linux:
> ifconfig eth1 del 2001:db8:cafe:dad0::2/64

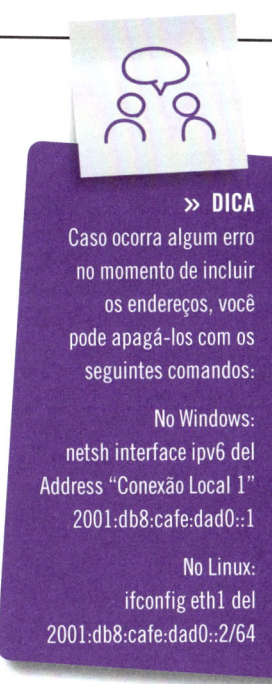

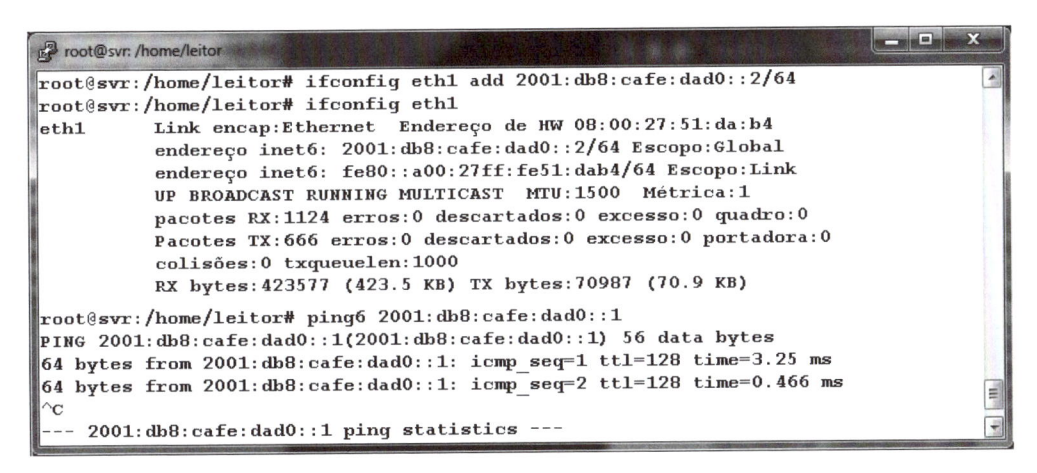

```
root@svr:/home/leitor# ifconfig eth1 add 2001:db8:cafe:dad0::2/64
root@svr:/home/leitor# ifconfig eth1
eth1      Link encap:Ethernet  Endereço de HW 08:00:27:51:da:b4
          endereço inet6: 2001:db8:cafe:dad0::2/64 Escopo:Global
          endereço inet6: fe80::a00:27ff:fe51:dab4/64 Escopo:Link
          UP BROADCAST RUNNING MULTICAST  MTU:1500  Métrica:1
          pacotes RX:1124 erros:0 descartados:0 excesso:0 quadro:0
          Pacotes TX:666 erros:0 descartados:0 excesso:0 portadora:0
          colisões:0 txqueuelen:1000
          RX bytes:423577 (423.5 KB)  TX bytes:70987 (70.9 KB)

root@svr:/home/leitor# ping6 2001:db8:cafe:dad0::1
PING 2001:db8:cafe:dad0::1(2001:db8:cafe:dad0::1) 56 data bytes
64 bytes from 2001:db8:cafe:dad0::1: icmp_seq=1 ttl=128 time=3.25 ms
64 bytes from 2001:db8:cafe:dad0::1: icmp_seq=2 ttl=128 time=0.466 ms
^C
--- 2001:db8:cafe:dad0::1 ping statistics ---
```

Figura 6.12 Configuração do IPv6 no Linux.
Fonte: Dos autores.

Multicast

Serve para identificar um grupo de interfaces, dispositivos ou serviços por meio de um endereço reservado FF00::/8. Como não existe *broadcast* no IPv6, é pelo *multicast* que ocorre a descoberta das estações vizinhas de uma rede local e das funcionalidades existentes na rede.

Os próximos oito bits (dígitos 00) após o FF (FF00::/8) são utilizados para flags (opções) e delimitação da área de abrangência do grupo *multicast*, que pode variar da interface local até a rede externa, sendo que a abrangência referente à rede externa é limitada pelo TTL (*Time to Live*) do pacote.

Com base nessa abrangência, existem grupos *multicast* predefinidos, como:

- FF01::1 – Grupo *all-nodes*, referente a todas as interfaces do dispositivo.
- FF01::2 – Grupo *all-routers*, referente a todos os roteadores do dispositivo.
- FF02::1 – Grupo *all-nodes*, referente a todos os dispositivos do enlace da rede (*link-local*).
- FF02::2 – Grupo *all-routers*, referente a todos os roteadores do enlace da rede (*link-local*).
- FF02::5 – Roteadores OSPFv3.
- FF02::9 – Roteadores RIPng.

A utilização do *multicast* será explicada na seção "Funcionalidades do IPv6".

Anycast

O *anycast* é utilizado para identificar um grupo de interfaces como, por exemplo, uma subclasse de rede. Pode-se criar uma analogia ao *broadcast*, que também identificava um grupo de interfaces. A diferença é que, no *broadcast*, a mensagem é enviada para todas as interfaces e, no *anycast*, ela é enviada apenas a uma interface escolhida por proximidade.

Esse tipo de endereço é utilizado, por exemplo, no balanceamento de carga, na descoberta de serviços na rede (em que ocorrendo a primeira resposta, considera-se satisfatório) e na mobilidade, durante o processo de descoberta do *home agent* (rede de origem do nó móvel). Vale ressaltar que, sintaticamente, um endereço *anycast* é idêntico a um endereço *unicast*.

» Funcionalidades do IPv6

Novas funcionalidades foram agregadas ao protocolo IPv6. Entre elas, podemos citar:

» Path MTU Discovery

Com a funcionalidade *Path MTU Discovery*, o MTU (*Maximum Transmission Unit*) da conexão é estabelecido pelo tamanho do MTU do primeiro salto. Assim, caso o pacote seja encaminhado para alguma rede em que o MTU seja menor, o pacote é descartado e uma mensagem é enviada ao originador da comunicação para que reenvie o pacote com o tamanho de MTU menor. Essa funcionalidade é necessária porque, em IPv6, não há fragmentação de pacotes, não sendo possível que algum agente no meio da comunicação entre dois pontos divida o pacote em datagramas menores.

» Jumbograms

Com a sinalização Jumbograms, o datagrama pode conter até 4Gb de tamanho – muito maior que os 64Kb permitidos no IPv4. Contudo, essa funcionalidade depende de alterações nos protocolos de camada de transporte TCP e UDP que ainda estão limitados a 64Kb.

» ICMPv6

No protocolo IP versão 4, o ICMP (*Internet Control Message Protocol*) era utilizado basicamente para a verificação de alcançabilidade de um nodo de uma rede. No IP versão 6, ele implementa novas funcionalidades por meio de novas mensagens, como as relacionadas a seguir:

Mensagens de erro	Mensagens de informação
Destination Unreachable	*Echo Request e Echo Reply*
Packet Too Big	*Multicast Listener Query*
Time Exceeded	*Multicast Listener Report*
Parameter Problem	*Multicast Listener Done*
	Router Solicitation e Router Advertisement
	Neighbor Solicitation e Neighbor Advertisement
	Redirect

Essas mensagens possibilitam a utilização de funcionalidades, como descoberta de vizinhança, mobilidade e gerenciamento de grupos *multicast*.

O ICMPv6 encontra-se localizado após o cabeçalho IPv6 e seus cabeçalhos de extensão, possuindo o código 58 como identificação. Esse protocolo é imprescindível para o funcionamento de uma rede IPv6, não podendo ser bloqueado na rede, pois ocasionaria o mau funcionamento do IPv6.

Seu pacote é formado por quatro campos, conforme a Figura 6.13.

Tipo	Código	Soma de verificação
Dados		

Figura 6.13 Formato pacote ICMPv6.
Fonte: Dos autores.

Os campos da Figura 6.13 caracterizam-se por:

- Tipo: possui 8 bits para armazenar o código dos tipos de mensagens apresentadas ou de novos tipos que podem ser desenvolvidos.
- Código: possui 8 bits adicionais para armazenar informações de determinados tipos de mensagens.
- Soma de verificação: possui 16 bits para armazenamento de *checksum*, isto é, detecção de corrompimento de mensagem.
- Dados: esse campo contém diferentes mensagens de controle de acordo com o tipo utilizado.

» Descoberta de vizinhança

Como no IPv6 não existe *broadcast* para a utilização do protocolo ARP, é utilizado o protocolo ICMPv6 por meio das mensagens *Neighbor Solicitation* e *Neighbor Advertisement*, para a descoberta de computadores existentes na mesma rede, *Router Solicitation* e *Router Advertisement*, para a descoberta de roteadores existentes na rede local, e *Redirect*, para o reencaminhamento de pacotes.

Para a descoberta de nós vizinhos, o *host* de origem envia uma mensagem *Neighbor Solicitation* (NS) para o endereço de *multicast* FF02::1:FF00:0/104, em que os últimos 24 bits são compostos pelos últimos 24 bits do endereço IPv6 que está sendo pesquisado (na Figura 6.14, estes bits correspondem a bb:3344). Como a mensagem foi enviada para um grupo *multicast* em que todos os nós enlace fazem parte (*all-nodes*), quando o *Host* B receber essa mensagem e verificar que os últimos 24 bits do endereço *multicast* condizem com seu endereço IPv6, responderá com uma mensagem de *Neighbor Advertisement* (NA), informando seu endereço MAC.

> » **DICA**
> Para verificar quais *hosts* e grupos *multicast* IPv6 seu computador conhece, utilize os comandos a seguir.
>
> Windows:
> netsh interface ipv6 show neighbors
>
> Linux:
> ip -6 neigh show

Qual o MAC do IP 2001:db8:cafe:dad0::aaaa:bb**bb:3344**?
MSG para o grupo *multicast* FF**02::1:FF**bb:3344

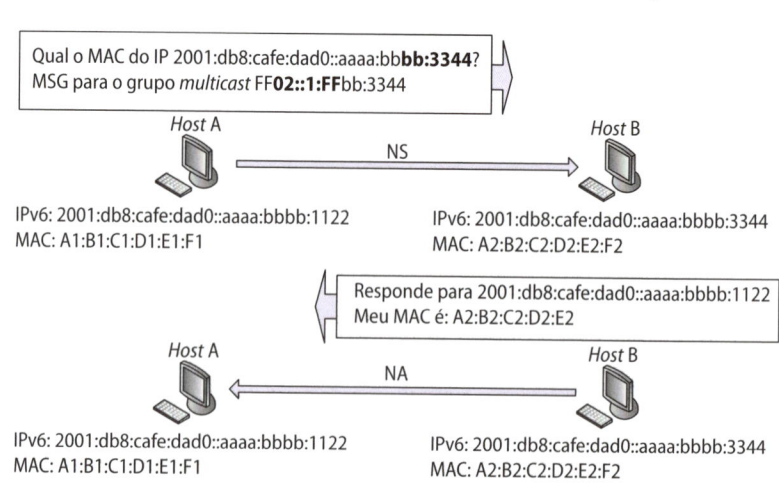

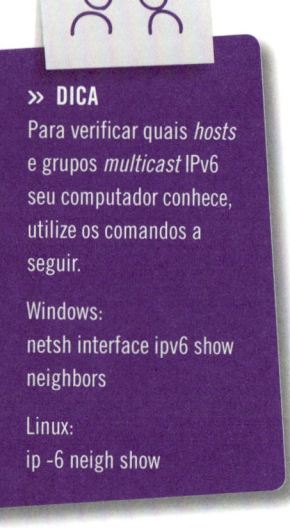

Host A → NS → Host B

IPv6: 2001:db8:cafe:dad0::aaaa:bbbb:1122
MAC: A1:B1:C1:D1:E1:F1

IPv6: 2001:db8:cafe:dad0::aaaa:bbbb:3344
MAC: A2:B2:C2:D2:E2:F2

Responde para 2001:db8:cafe:dad0::aaaa:bbbb:1122
Meu MAC é: A2:B2:C2:D2:E2

Host A ← NA ← Host B

IPv6: 2001:db8:cafe:dad0::aaaa:bbbb:1122
MAC: A1:B1:C1:D1:E1:F1

IPv6: 2001:db8:cafe:dad0::aaaa:bbbb:3344
MAC: A2:B2:C2:D2:E2:F2

Figura 6.14 Descoberta de vizinhança.
Fonte: Dos autores.

A mesma técnica serve para descobrir quais são os roteadores da rede que estão no mesmo enlace físico. Uma mensagem de *Router Solicitation* (RS) é enviada para o grupo *Multicast all-routers* (FF02::2) contendo o número MAC do *host* solicitante, e uma mensagem de *Router Advertisement* (RA) é encaminhada pelo roteador informando alguns parâmetros da rede local, como:

- O prefixo da rede, que pode ser utilizado no processo de autoconfiguração de endereços.
- O MTU (*Maximum Transmission Unit*), referente ao tamanho do *frame* utilizado na camada de enlace.
- O tempo que esta informação deve ser armazenada no *host* antes de solicitar novamente as informações para o roteador.

A última mensagem que faz parte do protocolo de descoberta de vizinhança (NDP - *Neighbor Discovery Protocol*) é *Redirect*, utilizada por um roteador para informar a um *host* que os pacotes devem ser encaminhados para outro roteador, facilitando assim a configuração e a manutenção da rede local.

> **» NO SITE**
> A descrição completa da mensagem de *Router Solicitation* e *Router Advertisement* é encontrada no ambiente virtual de aprendizagem.

» Agora é a sua vez!

1. Por que não é utilizado o protocolo ARP para a descoberta de vizinhança em IPv6?
2. Quais são os dois caracteres que representam os 8 bits iniciais de um grupo *multicast*?

» Como alocar os endereços IPv6

Os endereços do tipo *unicast global* possuem 64 bits para endereçamento de rede e 64 bits para endereçamento de *hosts*. Com 64 bits, a Internet terá aproximadamente 18 quintilhões de redes. No entanto, os prefixos de rede não são distribuídos com 64 bits pelo órgão que rege os endereços no mundo. As empresas costu-

> **» IMPORTANTE**
> Os prefixos de rede utilizados como exemplo poderão sofrer alteração em seu tamanho de acordo com a política de distribuição de prefixos adotada pelo provedor de Internet.

mam receber prefixos /48 para redes locais. Assim, teremos que gerenciar 16 bits de rede, que se referem à diferença entre o /48 que você recebeu para sua rede local e o /64 que você alocará para cada sub-rede de sua instituição ou domicílio.

Com essas informações, precisamos decidir como realizaremos a distribuição desses 16 bits em nossa rede. Supondo que possuímos o endereço 2001:db8:cafe:dad0::/48, a primeira ideia é utilizarmos os endereços sequencialmente:

2001:db8:cafe:dad0:0000::/64
2001:db8:cafe:dad0:0001::/64
2001:db8:cafe:dad0:0002::/64
2001:db8:cafe:dad0:0003::/64
2001:db8:cafe:dad0:0004::/64
2001:db8:cafe:dad0:0005::/64
....

Mas, se fizermos isso, nossas redes não poderão ser expandidas. Suponha que você distribua as três primeiras redes citadas anteriormente para três filiais de uma empresa. Caso uma dessas filiais necessite de mais endereços, será preciso atribuir uma nova rede para ela.

Porém, se durante o planejamento deixarmos espaços entre as redes, podemos apenas alterar a máscara do endereço previamente distribuído. Desse modo, as filiais inicialmente receberiam os endereços 2001:db8:cafe:dad0:0000::/64, 2001:db8:cafe:dad0:0002::/64, 2001:db8:cafe:dad0:0004::/64, para que, em caso de necessidade, pudessem ser alteradas de /64 para /63, dobrando a quantidade de *hosts* possíveis em cada filial.

Como estamos realizando um planejamento de alocação de 65.536 (16 bits) sub-redes, e não de apenas seis sub-redes como no exemplo, precisamos aplicar alguma técnica para que nunca ocorra a necessidade de alocação de mais de um bloco para cada rede, mas que sempre tenha disponível a possibilidade de apenas alterarmos a máscara da rede. Nesse sentido, a RFC 3531 apresenta algumas técnicas de alocação de endereços. A principal delas chama-se *Rightmost*, que parte do princípio da divisão binária, em que sempre dividimos a nossa rede em duas sub-redes de mesmo tamanho, realizando múltiplas divisões até chegarmos à quantidade de redes necessárias.

Assim, se dividirmos a rede 2001:db8:cafe:dad0::/48 em duas redes, teremos as redes 2001:db8:cafe:dad0:0000::/49 e a rede 2001:db8:cafe:dad0:8000::/49. Realizando uma segunda divisão em cada uma dessas duas redes, teremos as redes:

2001:db8:cafe:dad0:0000::/50
2001:db8:cafe:dad0:4000::/50
2001:db8:cafe:dad0:8000::/50
2001:db8:cafe:dad0:C000::/50

Esta técnica serve para dividir as redes na quantidade que for necessária para nossos propósitos, pois deste modo sempre haverá lacunas entre as redes que possibilitarão aumentar seu tamanho sem ter de configurar novos prefixos de rede.

>> Configuração de serviços com IPv6

Configurar serviços em IPv6 é muito simples. Para demonstrar como isso é feito, utilizaremos o serviço de DNS (bind9) e HTTP (apache2).

Inicialmente, configuraremos um endereço IPv6 na Interface eth1 e instalaremos os serviços bind9 e apache2 utilizando os seguintes comandos:

   ifconfig eth1 add 2001:db8:cafe:dad0::2

   apt-get install bind9 apache2

Conforme a Figura 6.15, com o comando netstat –ln, conseguimos identificar os serviços TCP e UDP em IPv4 e IPv6 que estão em execução em nosso servidor.

```
root@srv:/home/aluno# netstat -ln |more
Active Internet connections (only servers)
Proto Recv-Q Send-Q Local Address           Foreign Address         State
tcp        0      0 10.10.1.38:53           0.0.0.0:*               LISTEN
tcp        0      0 127.0.0.1:53            0.0.0.0:*               LISTEN
tcp        0      0 0.0.0.0:80              0.0.0.0:*               LISTEN
tcp        0      0 127.0.0.1:631           0.0.0.0:*               LISTEN
tcp        0      0 127.0.0.1:953           0.0.0.0:*               LISTEN
tcp        0      0 127.0.0.1:25            0.0.0.0:*               LISTEN
tcp        0      0 127.0.0.1:3306          0.0.0.0:*               LISTEN
tcp        0      0 127.0.0.1:587           0.0.0.0:*               LISTEN
tcp6       0      0 :::80                   :::*                    LISTEN
tcp6       0      0 :::53                   :::*                    LISTEN
tcp6       0      0 :::22                   :::*                    LISTEN
tcp6       0      0 ::1:631                 :::*                    LISTEN
tcp6       0      0 ::1:953                 :::*                    LISTEN
udp        0      0 10.10.1.38:53           0.0.0.0:*
udp        0      0 127.0.0.1:53            0.0.0.0:*
udp6       0      0 :::53                   :::*
udp6       0      0 :::34745                :::*
udp6       0      0 :::162                  :::*
Active UNIX domain sockets (only servers)
```

Figura 6.15 Serviços em execução.
Fonte: Dos autores.

> **>> IMPORTANTE**
> Não podemos esquecer que em IPv6 estamos trabalhando com endereços hexadecimais, em que o algarismo F representa 16. Portanto, dividindo 16 por 2, teremos 8. Continuando na mesma lógica, a metade de 8 é 4, e a metade entre 8 e 16 é 12 que, em hexadecimal, fica representado pela letra C.

> **>> NO SITE**
> No ambiente virtual de aprendizagem você encontra um simulador que auxilia no planejamento de sua rede. Esse simulador utiliza a técnica empregada aqui para alocar os endereços e utiliza mais duas técnicas documentadas na RFC 3531.

Conforme a Figura 6.15, os serviços de DNS (porta 53 UDP) e o serviço HTTP (Porta 80 TCP) automaticamente já estão em IPv4 e IPv6. Isso ocorreu porque, antes de executarmos os serviços, foi atribuído um endereço IPv6 ao servidor.

Se necessário, é possível desativar o IPv6. No bind9, isso é realizado comentando a linha " listen-on-v6 { any; };" do arquivo /etc/bind/named.conf.options.

No HTTP, a configuração é realizada no arquivo /etc/apache2/ports.conf, em que originalmente existe a linha "Listen 80". Essa linha significa que o serviço deve escutar a porta 80 em IPv4 e IPv6. Substituindo por "Listen [::]:80", o serviço funcionará apenas em IPv6, e utilizando "Listen 0.0.0.0:80", funcionará apenas em IPv4.

Neste capítulo, estudamos a estrutura e o endereçamento do IPv6 e a utilização do IPv6 em serviços de camadas de aplicação. Para aprender mais sobre o assunto e acompanhar as novidades sobre IPv6, acesse o site http://ipv6.br, mantido pelo Registro.br.

>> **NO SITE**
Acesse o ambiente virtual de aprendizagem para fazer as atividades relacionadas ao que foi discutido neste capítulo.

REFERÊNCIAS

CENTRO DE ESTUDOS E PESQUISAS EM TECNOLOGIA DE REDES E OPERAÇÕES. *Downloads*. [S.l.]: Ceptro, 2013. Disponível em: < http://ipv6.br/download/>. Acesso em: 18 set. 2013.

FOROUZAN, B. A.; MOSHARRAF, F. *Redes de computadores*: uma abordagem top-down. Porto Alegre: AMGH, 2013.

SCHMITT, M. A. R.; PERES, A.; LOUREIRO, C. A. *Redes de computadores*: nível de aplicação e instalação de serviços. Porto Alegre: Bookman, 2013.

capítulo 7

Roteamento

Uma das principais funções da camada de rede é estabelecer conectividade entre equipamentos posicionais em redes físicas distintas. Neste capítulo, você aprenderá como isso é feito por meio dos roteadores.

Objetivos deste capítulo

» Compreender o que é um roteador.

» Compreender como os pacotes são roteados na Internet.

» Planejar o roteamento de redes.

» Identificar as alternativas de configuração de roteadores.

Em redes de computadores, rotear é encontrar o caminho mais adequado para que um pacote chegue a um determinado destino que não esteja no mesmo enlace da origem. O equipamento responsável por gerenciar esta tarefa é chamado de **roteador**. *Hubs* e *switches* (equipamentos que serão abordados mais detalhadamente no terceiro livro desta série) permitem a conexão de equipamentos em uma mesma rede local (LAN). Esses equipamentos não permitem a criação de uma grande rede mundial. São os roteadores que interconectam redes distintas e possuem as informações e a lógica necessárias para a determinação do melhor caminho para que dois dispositivos distantes troquem pacotes. Como mostra a Figura 7.1, esse caminho corresponde a uma sequência de roteadores que está posicionada entre a origem e o destino.

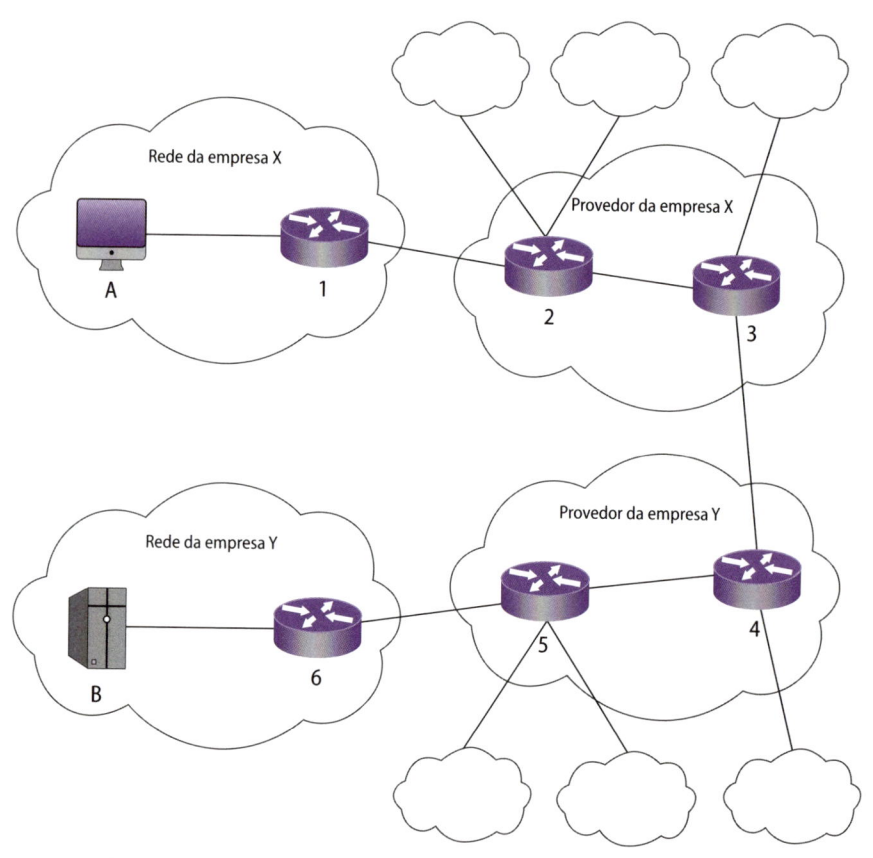

Figura 7.1 Exemplo de interconexão de redes por meio de diversos roteadores.
Fonte: Dos autores.

Analisando mais profundamente a Figura 7.1, é possível entender o aspecto mais básico do funcionamento da Internet no que diz respeito ao roteamento. Para um pacote trafegar entre o dispositivo A, localizado na rede local da empresa X, e o dispositivo B, localizado na rede local da empresa Y, ele deverá passar por seis roteadores (dispositivos numerados na figura). Normalmente, chamamos o roteador 1 de *gateway default*, pois ele é o roteador utilizado por todas as máquinas da empresa X para acessar equipamentos de redes externas. Se você tem, em sua casa, uma rede sem fio com vários equipamentos conectados, o *gateway default* do seu microcomputador, do seu *smartphone* ou do seu *videogame* é o roteador *wireless*. O roteador 2 poderá estar localizado no provedor de acesso contratado pela empresa X. Esse roteador estará conectado a vários clientes. E um provedor de acesso à Internet possuirá vários roteadores ligando seus clientes. A rede local de um provedor será constituída por vários servidores (páginas, correio eletrônico, autenticação, etc.) e por roteadores. O roteador 3 faz a conexão da rede do provedor de acesso contratado pela empresa X com o provedor de acesso contratado pela empresa Y (roteador 4). O roteador 5 liga o último provedor de acesso com a rede da empresa Y, que possui o seu próprio roteador (6). Como o roteador 6 está conectado na mesma rede do dispositivo B, ele pode, finalmente, entregar o pacote ao destino.

Assim como na Figura 7.1, na Internet, que apresenta uma complexidade muito maior, um pacote passará por diversas redes, interconectadas por roteadores para chegar ao seu destino. Os roteadores deverão saber como encaminhar os pacotes para que eles não sejam perdidos e cheguem o mais rapidamente ao equipamento-alvo.

Funcionamento

O trabalho de um roteador é receber e repassar quadros (da camada de enlace) endereçados a ele, mas que contenham datagramas (da camada de rede) endereçados a outros equipamentos. Dessa forma, a camada de enlace do roteador desencapsula os seus dados e passa para a camada de rede. Na camada de rede, o roteador determina qual é o dispositivo vizinho **next hop** que deve receber o pacote com o objetivo de alcançar o destino final.

Para você compreender esse funcionamento e configurar roteadores, é fundamental conhecer como funcionam as tabelas de roteamento e como deve ser feita a divisão dos endereços IP na Internet.

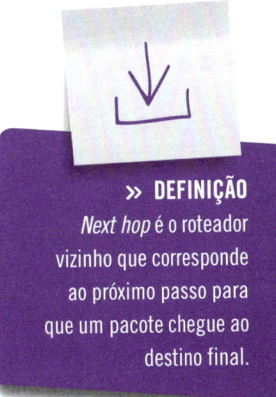

> **» DEFINIÇÃO**
> *Next hop* é o roteador vizinho que corresponde ao próximo passo para que um pacote chegue ao destino final.

» Tabelas de roteamento

A fim de que um roteador decida qual é o *next hop* correto para que um datagrama alcance seu destino final, é necessário que ele tenha essa informação estruturada de alguma forma. Os roteadores armazenam o que chamamos de **tabela de roteamento**. Uma tabela de roteamento corresponde a um conjunto de rotas para diferentes destinos. A tabela de roteamento precisa conter informações sobre todos os destinos existentes.

A informação a respeito de um determinado destino é chamada de **rota**. As tabelas de roteamento possuem rotas para diferentes destinos. Cada rota contém, pelo menos, duas informações: o destino final e o *next hop*.

A Figura 7.2 apresenta um exemplo de redes interconectadas. Nessa figura, é possível visualizar cinco redes locais (LANs) e quatro redes de longa distância (WANs). Cada uma das sete redes físicas utiliza uma rede classe C diferente:

- LAN 1: 200.132.51.0/24
- LAN 2: 200.132.52.0/24
- LAN 3: 200.132.53.0/24
- LAN 4: 200.132.54.0/24
- LAN 5: 200.132.55.0/24
- WAN 1: 200.200.1.0/24
- WAN 2: 200.200.2.0/24
- WAN 3: 200.200.3.0/24
- WAN 4: 200.200.4.0/24

Os endereços das interfaces de rede de cada roteador estão anotados abaixo dos ícones que os representam, e a distribuição de endereços segue as três regras de ouro apresentadas no Capítulo 5:

- Um endereço IP só pode ser utilizado por uma placa de rede.
- Duas interfaces de rede que compartilhem o mesmo enlace precisam pertencer à mesma rede IP.
- A mesma identificação de rede não pode ser utilizada em mais de um enlace.

> » **IMPORTANTE**
> Cada interface de rede de um equipamento deve receber um endereço IP. Um roteador que tenha quatro interfaces de rede deve apresentar quatro endereços IP. Os endereços das interfaces devem fazer parte da mesma rede que seus vizinhos. Assim, na Figura 7.2, o roteador 2 apresenta quatro endereços pertencentes a quatro redes IP distintas.

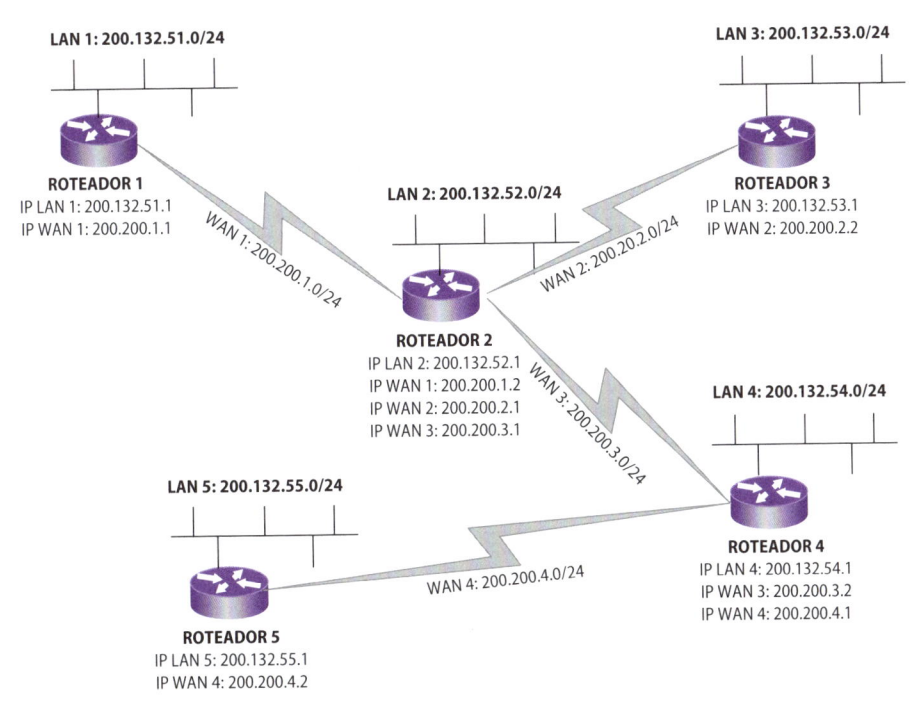

Figura 7.2 Exemplo de redes interconectadas com endereços nas interfaces.
Fonte: Dos autores.

O Quadro 7.1 corresponde à tabela de roteamento do roteador 2. Note que o destino final corresponde a um endereço de rede, e o *next hop*, a um endereço de máquina.

Quadro 7.1 » Tabela de roteamento simplificada para o roteador 2 da Figura 7.2

Destino	*Next hop*
200.132.51.0 /24	200.200.1.1
200.132.53.0 /24	200.200.2.2
200.132.54.0 /24	200.200.3.2
200.132.55.0 /24	200.200.3.2

Fonte: Dos autores.

» PARA SABER MAIS

Uma tabela de roteamento pode ter como destino um endereço de uma máquina em vez do endereço de uma rede. Mas isso é feito apenas em casos excepcionais. Se fosse a regra, as tabelas de roteamento seriam muito grandes. Por exemplo, a rota para o destino 200.132.55.0/24 seria desmembrada em 254 rotas, uma para cada equipamento que pode estar nessa rede.

Agora é possível perceber por que todos os computadores de uma rede local devem pertencer à mesma rede IP: para que apenas uma rota permita alcançar todas as máquinas daquela rede. Se não fosse assim, os roteadores teriam de saber a localização de cada dispositivo e não de cada rede.

Com relação à função de roteamento, sempre que um datagrama chegar à camada de rede de um roteador, ele deverá realizar as ações descritas na Figura 7.3.

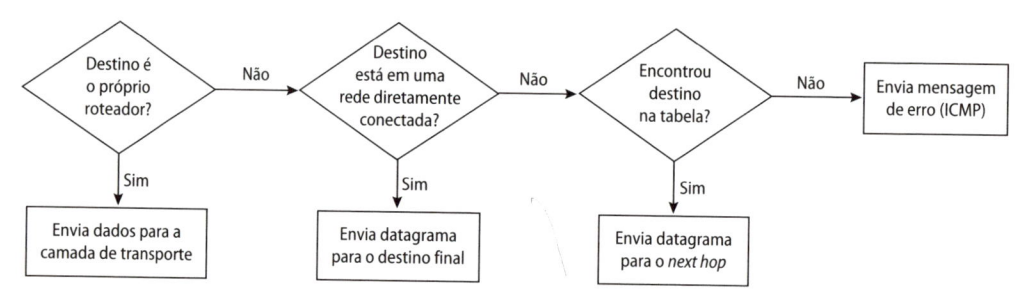

Figura 7.3 Lógica simplificada da camada de rede de um roteador.
Fonte: Dos autores.

Conforme o fluxograma da Figura 7.3, percebe-se que um datagrama pode ter como endereço de destino o próprio roteador, um dispositivo de uma rede à qual o roteador está diretamente conectado ou um dispositivo que está em uma rede mais distante. Somente o último caso exige o roteamento do datagrama. Alguns exemplos de pacotes endereçados ao próprio roteador são:

- Telnet para acessar console de configuração.
- HTTP para acessar tela de configuração.
- Ping para teste.
- Traceroute para teste.
- Mensagens de protocolos de roteamento dinâmico.

> ## **PARA SABER MAIS**
>
> O *next hop* deve pertencer sempre a uma rede à qual o roteador está diretamente conectado. Em tese, é possível fazer diferente, mas, se o *next hop* não for vizinho do roteador, então, após descobri-lo, será necessário fazer uma nova consulta à tabela de roteamento para achar uma rota para ele, em um processo recursivo.

Uma tabela de roteamento pode apresentar outros campos. Para uma compreensão inicial, foi apresentada, no Quadro 7.1, uma tabela com apenas dois campos. No entanto, os roteadores associam métricas às rotas. Estas métricas permitem que seja feita uma escolha quando há mais de um caminho para o mesmo destino.

Na Figura 7.4, foi acrescentada uma nova conexão entre a LAN 1 e a LAN 5. Agora, o roteador 1 pode enviar pacotes para a LAN 5 por dois caminhos: WAN 1, via roteador 2, e WAN 5, via roteador 5. O caminho mais curto é o envio direto para o roteador 5. No entanto, é interessante que as duas rotas sejam conhecidas para uma eventual queda da rede WAN 5.

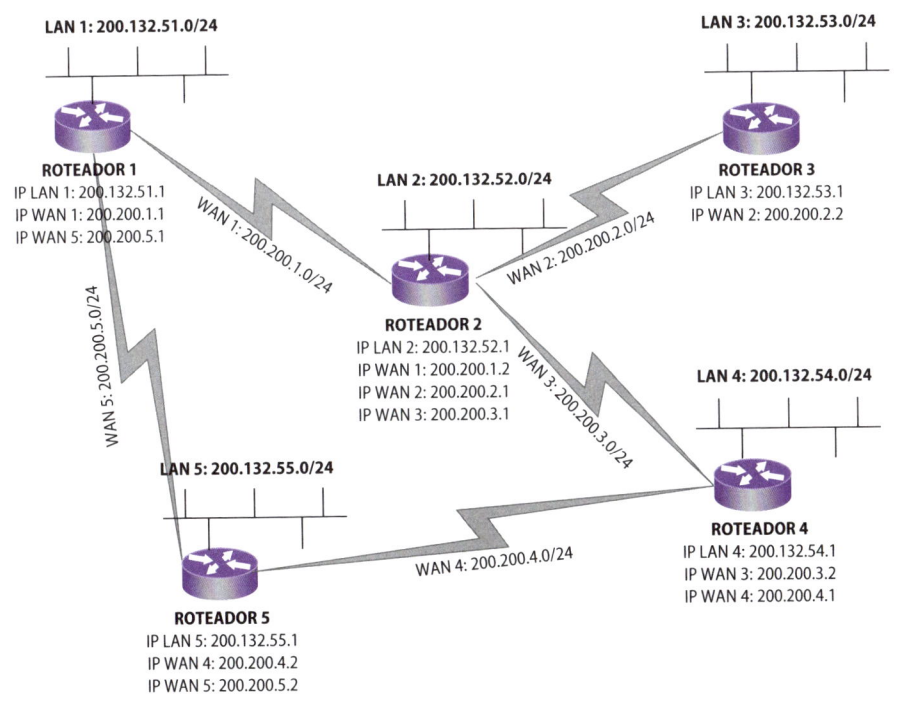

LAN 1: 200.132.51.0/24

LAN 3: 200.132.53.0/24

ROTEADOR 1
IP LAN 1: 200.132.51.1
IP WAN 1: 200.200.1.1
IP WAN 5: 200.200.5.1

WAN 1: 200.200.1.0/24

LAN 2: 200.132.52.0/24

WAN 2: 200.200.2.0/24

ROTEADOR 3
IP LAN 3: 200.132.53.1
IP WAN 2: 200.200.2.2

WAN 5: 200.200.5.0/24

ROTEADOR 2
IP LAN 2: 200.132.52.1
IP WAN 1: 200.200.1.2
IP WAN 2: 200.200.2.1
IP WAN 3: 200.200.3.1

WAN 3: 200.200.3.0/24

LAN 4: 200.132.54.0/24

LAN 5: 200.132.55.0/24

ROTEADOR 4
IP LAN 4: 200.132.54.1
IP WAN 3: 200.200.3.2
IP WAN 4: 200.200.4.1

WAN 4: 200.200.4.0/24

ROTEADOR 5
IP LAN 5: 200.132.55.1
IP WAN 4: 200.200.4.2
IP WAN 5: 200.200.5.2

Figura 7.4 Acréscimo do enlace WAN 5.
Fonte: Dos autores.

> **DEFINIÇÃO**
> A métrica de uma rota é um valor que determina a preferência para utilização dessa rota quando compara com outras para o mesmo destino. Uma tabela de roteamento pode conter várias rotas para um mesmo destino final. O que fará o roteador escolher uma delas como a mais adequada é a métrica.

Se os roteadores utilizarem um sistema de métrica que dê preferência à rota com valor mais baixo, a tabela de roteamento do roteador 1 poderia ser semelhante à do Quadro 7.2. As métricas das rotas que não devem ser utilizadas, salvo quando houver queda de uma linha, são marcadas com o valor mais alto (10). Duas rotas com mesma métrica para o mesmo destino (200.132.54.0/24) podem permitir que um roteador utilize os dois caminhos. Essa situação é chamada de **balanceamento de carga**.

Quadro 7.2 » Tabela de roteamento simplificada para o roteador 1 da Figura 7.4

Destino	Next hop	Métrica
200.132.52.0 / 24	200.200.1.2	5
200.132.52.0 / 24	200.200.5.2	10
200.132.53.0 / 24	200.200.1.2	5
200.132.53.0 / 24	200.200.5.2	10
200.132.54.0 / 24	200.200.1.2	5
200.132.54.0 / 24	200.200.5.2	5
200.132.55.0 / 24	200.200.1.2	10
200.132.55.0 / 24	200.200.5.2	5

Fonte: Dos autores.

» Subdivisão de redes

Para planejar o roteamento de uma rede de computadores, é essencial dominar muito bem os conceitos relacionados com endereçamento. É preciso saber identificar quais endereços pertencem a uma determinada rede IP e quais endereços podem ser utilizados. No Capítulo 5 deste livro, você aprendeu que o primeiro e o último endereços de uma rede não podem ser utilizados porque identificam, respectivamente, a rede e todos os equipamentos da rede (*broadcast*). Muitas vezes, é necessário dividir uma rede ou identificar os endereços disponíveis em uma sub-rede.

Para compreender melhor esse mecanismo, vamos tomar por base a rede física apresentada na Figura 7.2 e considerar que o espaço de endereçamento disponível para endereçá-la consiste apenas na rede IP 200.200.1.0/24 (uma rede classe C). Ao observar a figura, constatamos que há nove redes – cinco redes locais e quatro redes de longa distância. Isso quer dizer que, para os pacotes serem roteados, há a necessidade de criar nove sub-redes. Se todas as interfaces fossem configuradas com endereços da rede proposta e com a máscara original (/24), nenhum dispositivo conseguiria comunicar-se com equipamentos que não estivessem na mesma rede local ou na mesma rede de longa distância.

Para criar sub-redes, é preciso utilizar mais bits para a identificação da rede nos endereços dos dispositivos, diminuindo a quantidade de bits para a identificação de máquinas. Se utilizarmos um bit a mais para identificar a rede, podemos formar duas sub-redes: aquela cujo quarto octeto inicia pelo bit zero, e a outra cujo quarto octeto inicia pelo bit 1. Se utilizarmos dois bits a mais, poderemos formar quatro sub-redes (00, 01, 10 e 11).

>> EXEMPLO

Dados básicos

- Subdividir a rede 200.200.1.0/24 em quatro sub-redes.
- A composição original de um endereço da rede disponível utiliza três octetos para identificar a rede e um octeto para identificar a máquina.

Raciocínio

- Todas as máquinas necessariamente iniciam por 200.200.1.
- Para a criação de sub-redes, há a necessidade de aumentar o número de bits utilizados para a identificação da rede.
- Um número binário de dois dígitos permite quatro combinações diferentes (00, 01, 10 e 11).
- Deve-se aumentar a máscara em 2 bits (/24 para /26)
- As redes criadas serão:
    - 200.200.1. 00 *000000* – 200.200.1.0 /26
    - 200.200.1. 01 *000000* – 200.200.1.64 /26
    - 200.200.1. 10 *000000* – 200.200.1.128 /26
    - 200.200.1. 11 *000000* – 200.200.1.192 /26

Portanto:

- 200.200.1.1 /26 não está na mesma rede que 200.200.1.70 /26, já que os valores dos bits que identificam a rede são diferentes.
- 200.200.1.64 /26 não pode ser utilizado como endereço de uma interface porque é o primeiro endereço de uma rede (seis últimos bits têm valor 0).
- 200.200.1.191 /26 não pode ser utilizado como endereço de uma interface porque é o endereço de *broadcast* da rede 200.200.1.128.

Se a Figura 7.2 apresenta nove enlaces, é preciso criar nove sub-redes. Ora, a quantidade de sub-redes que pode ser definida é uma função do número de bits acrescentados à máscara. Se n é igual ao número de bits, então o número de sub-redes é igual a 2^n. Dessa forma simplificada, é possível criar 2, 4, 8, 16, 32, 64 ou 128 sub-redes a partir de uma rede classe C. A escolha para o nosso exemplo recai, necessariamente, em 16 sub-redes (o menor número que abarca nove). O Quadro 7.3 apresenta cada uma delas e os endereços disponíveis.

Quadro 7.3 » Subdivisão da rede 200.200.1.0 /24 em 16 sub-redes

Endereço da rede (último octeto em binário)	Endereço da rede (formato correto)	Endereços disponíveis	Endereço de *broadcast*
200.200.1.**0000**0000	200.200.1.0 /28	1 – 15	16
200.200.1.**0001**0000	200.200.1.16 /28	17 – 30	31
200.200.1.**0010**0000	200.200.1.32 /28	33 – 46	47
200.200.1.**0011**0000	200.200.1.48 /28	49 – 62	63
200.200.1.**0100**0000	200.200.1.64 /28	65 – 78	79
200.200.1.**0101**0000	200.200.1.80 /28	81 – 94	95
200.200.1.**0110**0000	200.200.1.96 /28	97 – 110	111
200.200.1.**0111**0000	200.200.1.112 /28	113 – 126	127
200.200.1.**1000**0000	200.200.1.128 /28	129 – 142	143
200.200.1.**1001**0000	200.200.1.144 /28	145 – 158	159
200.200.1.**1010**0000	200.200.1.160 /28	161 – 174	175
200.200.1.**1011**0000	200.200.1.176 /28	177 – 190	191
200.200.1.**1100**0000	200.200.1.192 /28	193 – 206	207
200.200.1.**1101**0000	200.200.1.208 /28	209 – 222	223
200.200.1.**1110**0000	200.200.1.224/28	225 – 238	239
200.200.1.**1111**0000	200.200.1.240 /28	241 – 254	255

Fonte: Dos autores.

Seria possível utilizar 9 das 16 sub-redes existentes. Embora sete sub-redes fossem perdidas, a compreensão desse tipo de divisão é fundamental.

A transposição para a máscara binária é sempre um fator de diminuição da velocidade do seu raciocínio. Podemos utilizar outro raciocínio lógico:

- A divisão pela metade produz duas redes com a metade dos endereços da rede original. A divisão em quatro partes produz quatro redes com um quarto dos endereços da rede original, e assim por diante.
- Se a rede original apresenta 256 endereços, a divisão em 16 partes apresentará 16 redes de 16 endereços cada uma (só é possível usar 14).
- Se as sub-redes possuem 16 endereços e a primeira sub-rede é a 200.200.1.0 /28, então o último octeto dos endereços das redes subsequentes será sempre múltiplo de 16.

O Quadro 7.4 mostra as possibilidades de divisão de uma rede classe C. Ele pode ser transposto para outros tipos de divisão. Você deve perceber que, à medida que aumenta o número de bits utilizados para identificar a rede, o número de sub-redes é multiplicado por dois e o número de endereços disponíveis em cada uma é dividido por dois. Além disso, a cada divisão, novos endereços são desperdiçados, pois passam a identificar rede e *broadcast*.

Quadro 7.4 » Subdivisão de uma rede classe C

Nº de bits para identificar a rede no quarto octeto	Nº de redes	Nº de endereços	Máscara	Máscara (formato decimal)
0	1	256 (-2)	/24	255.255.255.0
1	2	128 (-2)	/25	255.255.255.128
2	4	64 (-2)	/26	255.255.255.192
3	8	32 (-2)	/27	255.255.255.224
4	16	16 (-2)	/28	255.255.255.240
5	32	8 (-2)	/29	255.255.255.248
6	64	4 (-2)	/30	255.255.255.252

Fonte: Dos autores.

É possível dividir uma rede em sub-redes com máscaras distintas. Para isso, é preciso tomar cuidado para que não haja sobreposição. Na Figura 7.2, há redes com características diferentes. As cinco redes locais precisam de mais endereços do que as quatro redes de longa distância, que só necessitam de dois endereços cada uma. Poderíamos ter criado oito sub-redes, por exemplo. Cada uma delas teria disponibilidade para 30 interfaces de rede. As cinco primeiras redes (200.200.1.0/27, 200.200.1.32/27, 200.200.1.64/27, 200.200.1.96/27 e 200.200.1.128/27) poderiam ser utilizadas nas LANs. A rede 200.200.1.160/27 poderia ser dividida em quatro sub-redes para endereçar as interfaces de longa distância (200.200.1.160/29, 200.200.1.168/29, 200.200.1.176/29 e 200.200.1.184/29). Ainda sobrariam duas redes grandes para utilizar em outras redes locais que eventualmente fossem criadas (200.200.1.192/27 e 200.200.1.224/27). A alternativa seria a definição de sub-redes ainda menores para as redes de longa distância, o que permitiria existência de oito WANs.

» PARA SABER MAIS

Assim como é possível subdividir redes, é possível agrupá-las diminuindo o tamanho da máscara original. Isso é feito para reunir rotas e diminuir o tamanho da tabela armazenada pelo roteador. Ao observar as duas últimas rotas do roteador 2, apresentadas no Quadro 7.1, percebemos duas rotas para redes distintas cujos *next hop* são iguais. Ambas as rotas têm como próximo passo o mesmo roteador:

- 200.200.54.0 /24 -> 200.200.3.2
- 200.200.55.0 /24 -> 200.200.3.2

Os terceiros octetos das redes de destinos apresentam diferenças apenas no último bit:

- 54 – 0011 0110
- 54 – 0011 0111

Dessa forma, as duas redes classe C podem ser agrupadas em uma rede /23:

- 200.200.54.0/23 - >200.200.3.2

Neste exemplo, foram agrupadas duas redes classe C. Isso pode ser feito para conjuntos maiores: quatro (/22), oito (/21), dezesseis (/20), e assim por diante.

Esse processo também é chamado de **sumarização de rotas**.

Roteamento estático

O roteamento estático é aquele roteamento que ocorre pela configuração manual de rotas no roteador. No roteamento estático, o profissional responsável pelo roteador deve digitar cada uma das rotas necessárias para o funcionamento da rede. Construir as rotas manualmente é uma atividade mais trabalhosa do que habilitar um protocolo de roteamento, mas permite um controle maior sobre o processo de escolha dos melhores caminhos. Muitas vezes, realiza-se uma combinação entre rotas estáticas e rotas aprendidas por meio de protocolos.

>> PARA SABER MAIS

Quando uma rede tem apenas um roteador e esse roteador liga apenas a rede Interna à rede do provedor, a configuração estática é a mais adequada por ser trivial. O roteador, nesse caso, conhece as duas redes nas quais ele está conectado e basta acrescentar uma rota padrão com o *next hop* apontando para o roteador do provedor. Esta informação é, normalmente, chamada de **rota *default***. Rotas *default* podem diminuir o tamanho da tabela de roteamento. Considerando a Figura 7.2, o roteador 3 não precisaria ter uma rota para cada uma das LANs. Bastaria uma rota *default* com o endereço 200.200.2.1 como *next hop*. Afinal, para acessar qualquer outra rede, é necessário enviar para este vizinho. Assim, uma tabela que, originalmente, teria sete rotas passa a ter apenas uma.

Embora a configuração estática de um roteador possa ser trabalhosa se houver a necessidade de digitar muitas rotas, o planejamento segue algumas regras muito simples:

1. Identifique quais redes existem na sua grande rede IP.
2. Para cada roteador:
    2.1 Identifique quais redes estão diretamente conectadas em alguma interface.
    2.2 Crie uma rota para cada rede identificada no item 1 e que não esteja no item 2.1.

Resumindo: cada roteador deve ter uma rota para cada rede à qual não esteja diretamente conectado.

Quando você realizar uma configuração estática, leve em consideração, pelo menos, quatro questões:

1. Sumarização de rotas estáticas.
2. Balanceamento de carga.
3. Rotas estáticas alternativas.
4. Rotas estáticas flutuantes.

Como já visto, sumarizar rotas é agrupá-las. Você deve identificar que rotas podem ser agrupadas. A rota *default* é o agrupamento levado ao extremo. Pode-se, após detalhar a tabela de roteamento, identificar qual é o *next hop* mais frequente e substituir todas as rotas que apontam para ele por uma rota *default*. Também deve-se procurar por destinos contíguos no espaço de endereçamento e verificar a possibilidade de agrupamento em uma super-rede.

O balanceamento de carga, isto é, a divisão do tráfego para um destino por mais de um caminho, pode ser realizado, via de regra, quando rotas para o mesmo destino apresentam as mesmas métricas*. O uso dessa alternativa pode implicar um tráfego assimétrico, isto é, uma comunicação cliente-servidor pode ter os pacotes do cliente sendo enviados por um caminho e retornando por outro. Nem sempre isso é desejável.

As rotas estáticas alternativas são rotas criadas para um destino específico que já está relacionado em outra rota. Considerando a Figura 7.4, o roteador 2 poderia ter as rotas do Quadro 7.5. Se observarmos, a última rota é uma rota mais específica, que já seria atendida pela primeira. Essa última rota é uma rota alternativa e usada apenas para chegar naquele determinado endereço. O roteador vai escolhê-la porque o comportamento usual dos roteadores é escolher a rota para o destino mais específico (máscara maior).

> **DICA**
> Sempre que for realizar uma configuração estática, lembre-se de que o processo não encerra com a criação inicial das rotas. Agrupe-as e verifique se outros caminhos devem ser usados como backup ou como alternativa. Lembre que, muitas vezes, é desejável realizar balanceamento de carga.

Quadro 7.5 » Tabela de roteamento simplificada para o roteador 2 da Figura 7.4

Destino	Next hop
200.132.51.0 / 24	200.200.1.1
200.132.53.0 / 24	200.200.2.2
200.132.54.0 / 24	200.200.3.2
200.132.55.0 / 24	200.200.3.2
200.132.51.10 / 32	200.200.3.2

Fonte: Dos autores.

As rotas estáticas flutuantes são rotas com métrica maior utilizadas apenas quando a rota de métrica menor fica indisponível por falha do enlace. Você já as viu no Quadro 7.2.

---

* Os roteadores CISCO não usam o conceito de métrica para rotas estáticas, mas sim de distância administrativa. Não é o objetivo deste livro abordar este tipo de especificidade.

Roteamento dinâmico

A configuração dos roteadores mais centrais da Internet é complexa. O número de rotas que esses equipamentos precisam conhecer é significativo. O mesmo pode ocorrer em roteadores de grandes empresas e de provedores de acesso. Por essa razão, a automatização da tarefa de criação de rotas é desejável. **Roteamento dinâmico** é o termo utilizado para descrever a apreensão de rotas por meio de protocolos de roteamento. No roteamento dinâmico, os roteadores aprendem os caminhos para os diferentes destinos comunicando-se entre si.

Protocolo de roteamento do tipo vetor de distância

Existem dois tipos de algoritmos utilizados nos protocolos de roteamento: vetor de distância e estado de enlace. De uma maneira simplificada, podemos considerar que o funcionamento básico do primeiro tipo consiste no envio periódico da tabela de roteamento para os roteadores vizinhos (aqueles que estão no mesmo enlace). Para evitar alguns tipos de laços de roteamento, um mecanismo denominado *split horizon* é utilizado. Esse mecanismo consiste em não enviar para o roteador vizinho rotas aprendidas a partir dele mesmo.

As tabelas de roteamento serão construídas por meio da múltipla troca de mensagens. Inicialmente, cada roteador conhecerá apenas as redes diretamente conectadas a ele. Com a transmissão inicial desta informação e das rotas aprendidas de outros vizinhos, as tabelas de todos os roteadores chegarão a um estado consistente. Este processo é chamado de **convergência**.

O Quadro 7.6 mostra a evolução, ao longo do tempo, da tabela de roteamento dos três roteadores da Figura 7.5. A métrica usada no exemplo é o número de passos para chegar à rede. As redes diretamente conectadas apresentam a métrica com valor 1. Para simplificar a tabela, as redes são descritas sem máscaras.

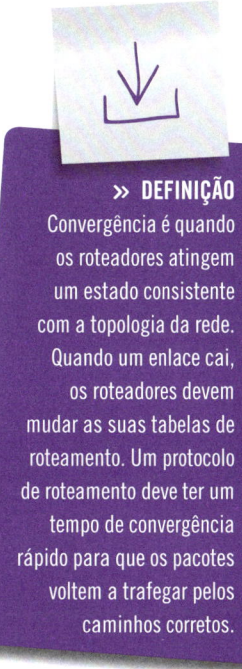

> **DEFINIÇÃO**
> Convergência é quando os roteadores atingem um estado consistente com a topologia da rede. Quando um enlace cai, os roteadores devem mudar as suas tabelas de roteamento. Um protocolo de roteamento deve ter um tempo de convergência rápido para que os pacotes voltem a trafegar pelos caminhos corretos.

Quadro 7.6 » Evolução das tabelas de roteamento com o tempo*

Roteador 1			Roteador 2			Roteador 3		
Destino	Next hop	Met.	Destino	Next hop	Met.	Destino	Next hop	Met.
Tempo 1								
200.132.51.0	LAN 1	1	200.132.52.0	LAN 2	1	200.132.53.0	LAN 3	1
200.200.1.0	WAN 1	1	200.200.1.0	WAN 1	1	200.200.2.0	WAN 2	1
			200.200.2.0	WAN 2	1			
Tempo 2								
200.132.51.0	LAN 1	1	200.132.52.0	LAN 2	1	200.132.53.0	LAN 3	1
200.200.1.0	WAN 1	1	200.200.1.0	WAN 1	1	200.200.2.0	WAN 2	1
200.132.52.0	200.200.1.2	2	200.200.2.0	WAN 2	1	200.132.52.0	200.200.2.1	2
200.200.2.0	200.200.1.2	2	200.132.51.0	200.200.1.1	2	200.200.1.0	200.200.2.1	2
			200.132.53.0	200.200.2.2	2			
Tempo 3								
200.132.51.0	LAN 1	1	200.132.52.0	LAN 2	1	200.132.53.0	LAN 3	1
200.200.1.0	WAN 1	1	200.200.1.0	WAN 1	1	200.200.2.0	WAN 2	1
200.132.52.0	200.200.1.2	2	200.200.2.0	WAN 2	1	200.132.52.0	200.200.2.1	2
200.200.2.0	200.200.1.2	2	200.132.51.0	200.200.1.1	2	200.200.1.0	200.200.2.1	2
200.132.53.0	200.200.1.2	3	200.132.53.0	200.200.2.2	2	200.132.51.0	200.200.2.1	3

* A parte em destaque neste quadro são as rotas aprendidas por cada roteador.

Fonte: Dos autores.

LAN 1: 200.132.51.0/24

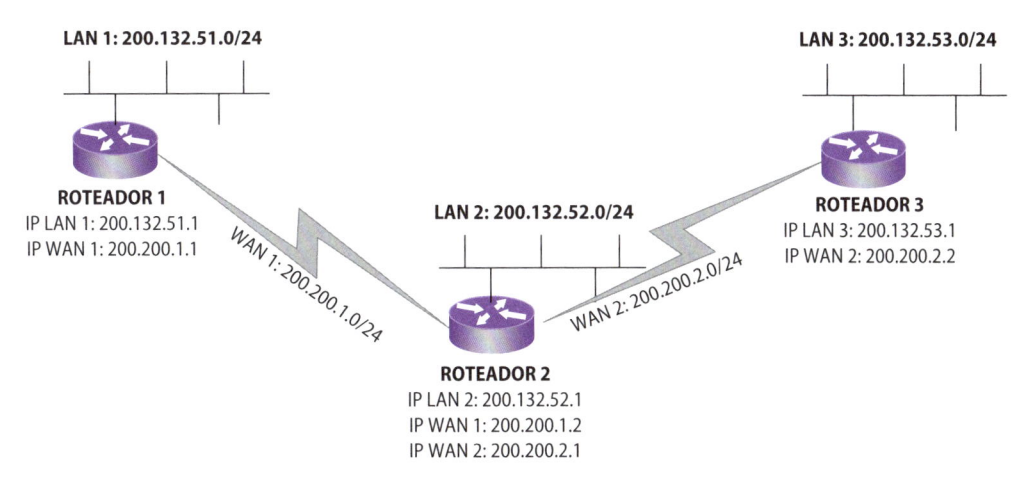

ROTEADOR 1
IP LAN 1: 200.132.51.1
IP WAN 1: 200.200.1.1

WAN 1: 200.200.1.0/24

LAN 2: 200.132.52.0/24

ROTEADOR 2
IP LAN 2: 200.132.52.1
IP WAN 1: 200.200.1.2
IP WAN 2: 200.200.2.1

WAN 2: 200.200.2.0/24

LAN 3: 200.132.53.0/24

ROTEADOR 3
IP LAN 3: 200.132.53.1
IP WAN 2: 200.200.2.2

Figura 7.5 Exemplo de rede com três roteadores e cinco sub-redes.
Fonte: Dos autores.

No Quadro 7.6, no início (tempo 1), os roteadores só conhecem as redes às quais estão diretamente conectados. No tempo 2, os roteadores contaram para os seus vizinhos que estão conectados nessas redes. Nesse momento, o roteador 1 não conhece ainda a LAN 3, afinal, o roteador 2 recém recebeu esta informação. No tempo 3, o roteador 2 já consegue enviar para o roteador 1 a rota para a rede 200.132.53.0/24.

Os diversos protocolos do tipo vetor de distância funcionam de forma similar a este exemplo.

» Protocolo de roteamento do tipo estado de enlace

Os protocolos do tipo estado de enlace são mais complexos do que os que vimos na seção anterior. Pode-se resumir o funcionamento deste algoritmo nos seguintes passos:

1. Os roteadores estabelecem uma relação com os vizinhos chamada de adjacência.
2. Cada roteador comunica aos vizinhos informações sobre os seus enlaces. A informação sobre um enlace é chamada de LSA (*Link State Advertisement*).
3. Cada roteador repassa as LSAs recebidas para os seus vizinhos.
4. Os roteadores constroem um banco de dados com as LSAs recebidas (banco de dados topológico), obtendo um mapa de toda a rede.
5. Os roteadores produzem uma tabela de roteamento a partir de um algoritmo que analisa o banco de dados topológico e determina o menor caminho em um grafo (Algoritmo de Dijkstra).

Em redes que utilizam protocolos de roteamento baseados em estado de enlace, a convergência acontece quando todos os roteadores apresentam o mesmo banco de dados topológico. Os protocolos deste tipo exigem mais memória e processamento, mas são menos suscetíveis a laços e convergem mais rapidamente.

» Protocolos de roteamento

Existem vários protocolos de roteamento. Os mais conhecidos são:

- RIP (*Routing Information Protocol*)
- RIP2 (RIP versão 2)
- OSPF (*Open Shortest Path First*)
- IGRP (*Interior Gateway Routing Protocol*)
- EIGRP (*Enhanced* IGRP)
- BGP4 (*Border Gateway Protocol*)

Esses protocolos são classificados quanto à licença, ao tipo de algoritmo e ao contexto de uso. O Quadro 7.7 resume essa classificação.

Quadro 7.7 » Classificação dos protocolos de roteamento

Protocolo	Propriedade	Algoritmo	Contexto
RIP	público (RFC 1058)	vetor de distância	IGP
RIP2	público (RFC 2453)	vetor de distância	IGP
OSPF	público (RFC 2328)	estado de enlace	IGP
IGRP	CISCO	vetor de distância	IGP
EIGRP	CISCO	vetor de distância modificado	IGP
BGP4	público (RFC 4271)	vetor de caminho (*path vector*)	EGP

Fonte: Dos autores.

Em relação ao contexto de uso, os protocolos de roteamento são classificados em internos e externos (IGP – *Interior Gateway Protocol* e EGP – *Exterior Gateway Protocol*). Esta classificação tem relação com o conceito de Sistema Autônomo (SA). Um SA é um conjunto de redes que está sob uma administração comum e que apresenta uma política de roteamento definida. Normalmente, grandes redes constituem-se em sistemas autônomos. Estas redes costumam estar conectadas à

Internet por mais de um ponto. Os protocolos internos são aqueles utilizados dentro de um Sistema Autônomo. Já os protocolos externos são aqueles empregados para a comunicação de roteadores posicionados em SAs distintos. Atualmente, utiliza-se com o EGP o protocolo BGP4.

RIP

O RIP é um protocolo do tipo vetor de distância cujas atualizações ocorrem de 30 em 30 segundos. Utiliza como transporte o protocolo UDP e a porta 520. As atualizações são enviadas para todas as máquinas do enlace por meio de mensagens de *broadcast*. A métrica utilizada é o número de *hops*. A métrica 1 indica uma rede diretamente conectada. A métrica 16 significa destino inalcançável. Isso quer dizer que o tamanho máximo de uma rota é de 15 roteadores (*hops*). Quando uma rota não é atualizada em 180 segundos, ela é considerada inválida.

O RIP é um protocolo *classfull*, isto é, ele considera as classes dos endereços. As máscaras não são transmitidas nas atualizações de rotas. A única forma de um roteador saber que uma rede foi subdividida é se uma das suas interfaces fizer parte de uma das sub-redes da rede original. Por isso, deve-se tomar muito cuidado ao utilizar RIP em uma rede formada por sub-redes que não utilizem as máscaras /8, /16 ou /24. A rede da Figura 7.6 não funcionaria com o protocolo RIP, uma vez que o roteador 2 receberia duas rotas para a rede 200.132.51.0 /24. As atualizações enviadas pelos roteadores 1 e 3 não conteriam a máscara /25.

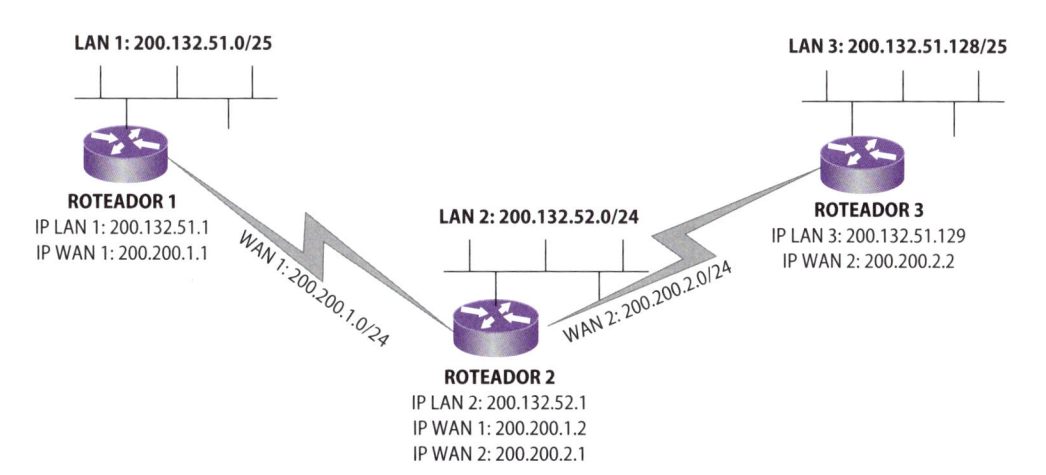

LAN 1: 200.132.51.0/25

LAN 3: 200.132.51.128/25

ROTEADOR 1
IP LAN 1: 200.132.51.1
IP WAN 1: 200.200.1.1

WAN 1: 200.200.1.0/24

LAN 2: 200.132.52.0/24

WAN 2: 200.200.2.0/24

ROTEADOR 3
IP LAN 3: 200.132.51.129
IP WAN 2: 200.200.2.2

ROTEADOR 2
IP LAN 2: 200.132.52.1
IP WAN 1: 200.200.1.2
IP WAN 2: 200.200.2.1

Figura 7.6 Rede com duas sub-redes IP separadas (200.132.51.0/25 e 200.132.51.128/25).
Fonte: Dos autores.

RIP2

O RIP2 é uma extensão do RIP original com as seguintes modificações:

- As máscaras das redes de destino são transmitidas nas atualizações.
- As atualizações podem ser autenticadas.

> **DEFINIÇÃO**
> VLSM (*Variable-Lenght Subnet Masking*) é a utilização de máscaras distintas na subdivisão de uma determinada rede. Nem todos os protocolos de roteamento conseguem trabalhar com esta configuração.

- As rotas externas são marcadas.
- As atualizações são feitas por meio de endereço do tipo *multicast*.

A transmissão das máscaras permite a utilização de VLSM e torna o protocolo *classless*. Essa era uma grande limitação da primeira versão do RIP. O problema identificado na Figura 7.6 não ocorreria com o uso de RIP2.

A autenticação das atualizações fornece mais segurança, impedindo que um equipamento da rede comunique rotas inválidas para os roteadores. Rotas inválidas podem tirar do ar uma rede ou podem desviar o tráfego propositalmente.

Embora utilize a mesma porta (520) e o mesmo protocolo de transporte (UDP) que o RIP, a versão 2 envia as atualizações para o endereço de *multicast* 224.0.0.9. Isso faz apenas os roteadores desempacotarem os datagramas que contêm protocolos de roteamento, diminuindo o processamento nos outros dispositivos da rede.

IGRP

O IGRP é uma tentativa da CISCO de criar um protocolo que supere algumas limitações do RIP. O intervalo de atualização é de 90 segundos, e o número máximo de roteadores entre dois pontos é de 255. Ele utiliza diretamente o protocolo IP, sem camada de transporte.

O IGRP suporta uma métrica mais complexa do que o RIP. Essa métrica inclui a banda passante, o atraso, a carga, o MTU e a confiabilidade do enlace. Estes parâmetros são unidos em uma fórmula.

Esse protocolo apresenta dois inconvenientes importantes: é do tipo *classfull* e constitui-se em um padrão proprietário da CISCO.

EIGRP

Apesar do nome, o EIGRP é um protocolo diferente do IGRP. Em termos de atualizações, elas não são periódicas, contendo apenas modificações ocorridas nas tabelas de roteamento e sendo enviadas somente para os roteadores que possam ser afetados por elas. A ideia principal é diminuir o impacto causado pelo protocolo de roteamento na rede.

Além disso, o EIGRP é um protocolo *classless* com transferência da máscara e que permite o uso de VLSM. Assim como o RIP2, utiliza endereço de *multicast* para suas mensagens (224.0.0.10). A exemplo do IGRP, ele é de propriedade da CISCO, o que diminui sua abrangência de uso.

OSPF

Ao contrário dos outros protocolos de roteamento internos vistos até aqui, o OSPF utiliza um algoritmo de estado de enlace. Embora a sua configuração não seja trivial, ele é um protocolo robusto, com rápida convergência, que permite a utilização em grandes redes. Suas principais características são:

1. Comportamento *classless*.
2. Métrica flexível, embora geralmente utilize a banda passante.
3. Uso de endereço de *multicast* para envio de LSAs.
4. Possibilidade de habilitação de autenticação.
5. Envio dos pacotes diretamente pela camada de rede (não utiliza TCP ou UDP).
6. Criação de áreas para diminuição das tabelas topográficas.

Por ser um protocolo com as vantagens dos algoritmos de estado de enlace e por não ser proprietário, o OSPF apresenta-se como a melhor alternativa para o protocolo interno de grandes redes, como as dos provedores de acesso.

BGP4

O BGP4 é o protocolo utilizado atualmente entre sistemas autônomos. É ele que une as grandes redes da Internet. Este protocolo é transportado por TCP e utiliza a porta 179. O BGP utiliza um algoritmo diferente conhecido como *path vector*. Embora possua semelhanças com o algoritmo de vetor de distância no que diz respeito ao envio da tabela de roteamento para vizinhos, ele guarda, em sua tabela, todo o caminho para chegar ao destino, não apenas o *next hop*. Este caminho corresponde à sequência de SAs por onde os pacotes deverão passar para alcançar o destino.

O seu funcionamento é, basicamente, o seguinte:

1. Os administradores dos SAs estabelecem relações de vizinhança entre seus roteadores.
2. É estabelecida uma conexão TCP entre os vizinhos.
3. Os vizinhos trocam suas tabelas de roteamento BGP.
4. A cada modificação da tabela BGP, são enviadas atualizações para os vizinhos.
5. Mensagens conhecidas como *keepalives* são periodicamente enviadas para a manutenção da conexão.

Normalmente, o BGP é utilizado quando a rede de um Sistema Autônomo é um caminho entre outros SAs ou quando uma rede conecta-se em mais de um provedor. No primeiro caso, o protocolo é importante para controlar as políticas de roteamento, evitando um uso indevido do SA como rota. No segundo caso, o protocolo permite que as duas conexões sejam utilizadas corretamente.

> **» NO SITE**
> Acesse o ambiente virtual de aprendizagem para fazer as atividades relacionadas ao que foi discutido neste capítulo.

>> Agora é a sua vez!

1. Defina as tabelas de roteamento de todos os roteadores da Figura 7.2.
2. Sumarize as rotas possíveis nas tabelas de roteamento dos roteadores da Figura 7.2.
3. Defina a tabela de roteamento do roteador 2 da Figura 7.2, permitindo o balanceamento de carga para pacotes endereçados à LAN 5.
4. Explique por que a rede da Figura 7.4 poderia utilizar RIP.

LEITURAS RECOMENDADAS

BIRKNER, M. H. *Projeto de interconexão de redes*. São Paulo: Makron Books, 2003.

DOYLE, J.; CARROLL, D. *Routing TCP/IP*. Indianapolis: Cisco, 2005. v. 1.

DOYLE, J.; CARROLL, D. *Routing TCP/IP*. Indianapolis: Cisco, 2010. v. 2.

IMPRESSÃO:

Pallotti
GRÁFICA EDITORA
IMAGEM DE QUALIDADE

Santa Maria - RS - Fone/Fax: (55) 3220.4500
www.pallotti.com.br